銀行業務検定試験

税務**3**級
直前整理**70**

2024年度
受験用　　経済法令研究会　編

経済法令研究会

刊行にあたって

　本書は、銀行業務検定試験「税務3級」を受験される方のために刊行された参考書です。同試験では、所得税や相続税・贈与税、法人税等、金融業務の実務上、欠かすことのできない基本的な税務知識が問われます。また、税制は毎年改正が行われており、受験者の皆様は基本事項の習得のほかに、毎年の改正事項にも注意を払う必要があるでしょう。

　そこで本書は、受験前の貴重な時間を有効に利用したい受験者のために、過去の出題傾向を分析し、出題頻度の高い70項目を厳選したうえで簡潔・明瞭に整理することを主眼に作成しました。

　左ページに各項目の解説、右ページにはそのポイントを図表などでコンパクトにまとめ、1項目につき2ページの見開きで完結させました。各項目には重要度を★の数（重要度が高くなるにつれ、数が増えます）で示し、関連性の高い出題（直近の出題年月・問題番号）を掲示しました。さらに本文中、特に重要な語句は太字にし、重要な箇所にはアンダーラインを付していますので、学習の際に参考としてお役立てください。

　けっして、本書のみでの学習で合格を約束するものではありませんが、受験直前の確認や要点整理に役立つものと確信しております。『銀行業務検定試験　税務3級問題解説集』（当社刊・銀行業務検定協会編）を通読後、総仕上げとして本書をあわせて効果的に活用していただけましたら幸いです。

　なお、本書の執筆に際しては、小島淳次氏をはじめ税理士法人中央総研の皆様に多大なご協力をいただきました。この場を借りてお礼申し上げます。

2024年7月

経済法令研究会

もくじ

所得税

相続税

法人税

その他の税金

所得税

銀行業務検定試験

税務3級
直前整理**70**

総合課税と分離課税

重要度　　[★★★]

進度チェック　☑☑☑

出題【24年3月・問1】

所得の区分

　所得税法は、所得を利子所得、配当所得、不動産所得、事業所得、給与所得、退職所得、山林所得、譲渡所得、一時所得および雑所得の10種類に区分し、それぞれの所得の計算方法を個別に定めています。

総合課税と分離課税

　所得税は、各種の所得を合計して所得税額を計算する**総合課税**を原則としますが、一定の所得については、他の所得と合計せず、分離して税額を計算する**分離課税**も採られています。

分離課税される所得

　分離課税の対象となる所得は、主に**土地建物等の譲渡所得、株式等の譲渡所得、山林所得、退職所得、利子所得**です。

源泉分離課税される所得

以下の所得は、源泉徴収だけで納税が完結（源泉分離課税）します。
① 　定期積金の給付補てん金
② 　一定の抵当証券の利息
③ 　貴金属等の売戻し条件付売買の利益（金貯蓄口座の利益）
④ 　外貨建預貯金で、その元本と利子をあらかじめ定められた利率により
　　円または他の外貨に換算して支払うこととされている換算差益
⑤ 　保険期間が5年以下、または保険期間の初日から5年以内に解約した
　　一時払養老保険や一時払損害保険等の差益
⑥ 　懸賞金付預貯金等の懸賞金等

■総合課税と分離課税

		所得の区分	
総合課税	配当所得	(注)平成21年1月1日以後に支払を受ける上場株式等の配当所得については、申告分離課税を選択することができるようになりました。	
	不動産所得		
	事業所得		
	給与所得		
	譲渡所得（土地建物等および株式等の譲渡所得を除きます。）		
	一時所得		
	雑所得		
分離課税	土地建物等および株式等の譲渡による譲渡所得		
	山林所得		
	退職所得		
	利子所得		
	金融類似商品	**定期積金の給付補てん金**（雑所得）	所得税 15％ 住民税 5％
		抵当証券の利息（雑所得）	
		金貯蓄口座の利益（譲渡所得）	
		外貨建預貯金のうち一定のものの為替差益（雑所得）	
		保険期間5年以下の一時払保険の差益等（一時所得）	
	その他	**懸賞金付預貯金等の懸賞金等**（一時所得）	

（注）平成25年1月1日以降、個人については令和19年までの各年分の所得税額に2.1％を乗じた金額が「復興特別所得税」として上乗せして課税され、実際の納税は「所得税＋復興特別所得税」の合計となります。各所得税率に対する合計の税率は以下のとおりとなります。
15％→15.315％　20％→20.42％

利子所得に該当するもの・しないもの

重要度　　[★★☆]

進度チェック　☑☑☑

出題【24年3月・問1、3】

利子所得の範囲

利子所得とは、次の所得をいいます。

① 公社債の利子

② 預貯金の利子

③ 合同運用信託の収益の分配

④ 公社債投資信託の収益の分配

⑤ 公募公社債等運用投資信託の収益の分配

利子所得の金額と税額の計算

利子等の収入金額そのものが、利子所得の金額となります。

> 利子所得の金額＝収入金額（源泉徴収される前の金額）

利子所得は、原則として、20％（所得税**15％**・住民税**5％**）の税率による源泉徴収により納税が完結する**源泉分離課税**の対象とされています。

特定公社債等の利子

平成28年1月1日以後に支払いを受ける一定の特定公社債等の利子は、源泉分離課税の対象から除外されたうえ、20％（所得税15％・住民税5％）の税率による**申告分離課税**の対象とされました。

この特定公社債等の利子は、申告不要制度を選択することができます。

■利子所得に該当するものの具体例

①	公社債（**国債、地方債、社債**）の利子
②	預貯金（**金融機関の預貯金、社内預金、勤務先預金**等）の利子
③	合同運用信託（**貸付信託、金銭信託**）の収益の分配
④	公社債投資信託の収益の分配
⑤	公募公社債等運用投資信託の収益の分配

■利子所得とされない所得の具体例

具体例	所得の区分
株式投資信託の収益の分配	配当所得
特定受益証券発行信託の収益の分配	
金銭貸付業の貸付金の利子	事業所得
取引先、使用人に対して事業の遂行上貸し付けた貸付金の利子	
金貯蓄口座の利益	譲渡所得
懸賞金付預貯金等の懸賞金等	一時所得
貸付金の利子（事業から生じたと認められないもの）	雑所得
学校債、組合債等の利子	
人格のない社団等からの収益の分配	
定期積金の給付補てん金	
抵当証券の利息	
外貨建預貯金の**為替差益**	
生命保険契約に基づく年金	

5

3

非課税とされる利子

重　要　度　　[★★☆]

進度チェック　▢▢▢

出題【24年3月・問1】

非課税とされる利子

非課税とされている利子は、次のとおりです。

① **当座預金の利子**（年1％以下の利率のもの）

② 子供銀行の預貯金等の利子等

③ 障害者等の少額預金（元本350万円以下）の利子等（マル優）

④ 障害者等の少額公債（額面350万円以下）の利子（特別マル優）

⑤ **勤労者財産形成住宅貯蓄・勤労者財産形成年金貯蓄**（原則、両方の貯蓄の元本の合計が550万円まで）**の利子**

⑥ **納税準備預金の利子**（納税を目的に引き出された金額に係るもの）

障害者等の少額貯蓄非課税制度

　障害者等に該当する人の貯蓄の利子等については、障害者等の少額預金の利子所得等の非課税制度（以下「障害者等のマル優」といいます。）と障害者等の少額公債の利子の非課税制度（以下「障害者等の特別マル優」といいます。）があり、それぞれの元本の額が**350万円**までの利子等について非課税とされます。

　この制度を利用できる障害者等とは、**身体障害者手帳の交付を受けている者、遺族基礎年金を受けることができる妻である者、寡婦年金を受けることができる妻である者**等、一定の要件に該当する者をいいます。

障害者等の少額貯蓄非課税制度の対象となる貯蓄

　「障害者等のマル優」の対象となる貯蓄は、預貯金、**合同運用信託**、特定公募公社債等運用投資信託および一定の有価証券で、「障害者等の特別マル

「優」の対象となる貯蓄は、国債および地方債です。

ただし、銀行等の預貯金であっても、<u>本邦通貨以外の通貨で預入される預貯金は、非課税の適用対象外</u>とされています。

■障害者等の少額貯蓄非課税制度

	障害者等の少額預金の 利子所得等の非課税制度 （障害者等のマル優）	障害者等の少額公債の 利子の非課税制度 （障害者等の特別マル優）
障害者等	① **身体障害者手帳の交付を受けている者（<u>本人</u>）** ② **遺族基礎年金を受けることができる妻である者** ③ **寡婦年金を受けることができる妻である者**　　　　　　等	
非課税の対象貯蓄	① 預貯金 ② **合同運用信託** ③ 特定公募公社債等運用投資信託 ④ 一定の有価証券	① 国債 ② 地方債
非課税額	貯蓄の元本の合計額が350万円までの利子	額面の合計額が350万円までの利子

配当所得に該当するもの・しないもの

重要度　　[★★☆]

進度チェック ☑☑☑

配当所得の範囲

配当所得とは、法人 (注) から受ける次のものをいいます。

① 　剰余金の配当

② 　利益の配当

③ 　剰余金の分配（出資に係るものに限ります。）

④ 　基金利息

⑤ 　投資信託（公社債投資信託および公募公社債等運用投資信託<u>以外のもの</u>）の収益の分配

⑥ 　特定受益証券発行信託の収益の分配

(注) 法人には、内国法人だけでなく外国法人も含まれますが、一定の公益法人等および人格のない社団等を除くこととされています。

みなし配当

　会社法において剰余金の配当に該当しないものであっても、実質的に剰余金の配当と変わらないものとして、所得税法上配当所得とみなされるもの（以下「**みなし配当**」といいます。）があります。

■配当所得に該当するものの具体例

所得の範囲	具体例
① 剰余金の配当	株式会社の剰余金の配当 （上場株式・非上場株式の剰余金の配当）
	外国法人から受ける剰余金の配当
	配当優先株式等の剰余金の配当
	特定目的信託の収益の分配
② 利益の配当	合同会社、合名会社、合資会社、特定目的会社からの利益の配当
③ 剰余金の分配（出資に係るものに限ります。）	協同組合等の出資に係る剰余金の分配
④ 基金利息	相互保険会社の基金に対する利息
⑤ 公社債投資信託および公募公社債等運用投資信託以外の投資信託の収益の分配	特定株式投資信託の収益の分配
⑥ 特定受益証券発行信託の収益の分配	――

■配当所得とされない所得の具体例

具体例	所得の区分
合同運用信託（貸付信託、金銭信託）の収益の分配	利子所得
公社債投資信託の収益の分配	
公募公社債等運用投資信託の収益の分配	
土地信託に係る収益の分配	不動産所得
人格のない社団等からの収益の分配（解散によるものを除きます。）	雑所得
オープン型の証券投資信託の収益の分配のうち、特別分配金（信託財産の元本の払戻しに相当する部分）	非課税

[配当所得]
配当所得の金額の計算

重　要　度　　[★★☆]

進度チェック　☐☐☐

配当所得の金額

　配当所得の金額は、配当等の収入金額（<u>源泉徴収される前の金額</u>）から、株式等の配当所得を生ずべき元本を取得するために要した負債の利子（元本を保有していた期間に対応する部分に限ります。）を控除した金額とします。

　なお、負債の利子は、その負債によって取得した株式等からだけでなく、他の株式等の配当等からも控除でき、<u>無配の株式に係るものは他の株式等の配当等から控除できますが、譲渡した株式に係るものや確定申告をしないことを選択した配当に係るもの等については、収入金額から控除できません。</u>

配当所得の源泉徴収

　配当等については、配当等の支払の際に所得税等が源泉徴収されることとなっています。源泉徴収される所得税等の税率は、以下のような株式等の区分に応じ、次のとおりとされています。

①　**上場株式等の配当等**

　　所得税15％・住民税5％の税率により源泉徴収されます。

　　なお、個人株主等とその個人の同族会社が発行済株式総数等の3％以上を有するときの個人株主等（以下「大口株主等」といいます。）が支払を受ける上場株式等の配当等については、この源泉徴収税率等の対象となりませんので、次の②により源泉徴収されます。

②　**上場株式等以外の配当等**

　　所得税20％（住民税なし）の税率により源泉徴収されます。

■配当所得の計算方法

配当所得 の 金 額	＝	収 入 金 額 （源泉徴収される<u>前</u>の金額）	－	元本を取得するための 負債の利子

■配当所得の源泉徴収税率

	源泉徴収税率
上場株式等の配当等 （大口株主等が支払 を受ける上場株式 等の配当等を除く）	所得税15％ 住民税5％
上場株式等以外の 配当等 ・大口株主等が支 　払を受ける上場 　株式等の配当等 ・非上場株式等の 　配当等	**所得税20％** **（住民税なし）**

[配当所得]
配当所得の確定申告不要制度

重 要 度　　[★★☆]
進度チェック　☑☑☑

出題【24年3月・問2】

配当所得の課税方法

　配当所得は、原則として**総合課税**の対象とされますが、一定のものについては確定申告をしなくてもよいこと（以下「確定申告不要制度」といいます。）とされています。

　なお、平成21年1月1日以後に支払を受ける上場株式等の配当所得（大口株主等が受けるものを除きます。）については、総合課税と申告分離課税のいずれかを選択することができます。

総合課税

　各種の所得金額を合計して所得税額を計算する総合課税を選択した配当所得については、確定申告の際に配当控除の適用を受けることができます。

確定申告不要制度

　確定申告不要制度を選択した配当金は、**源泉徴収税額だけで課税が完結**します。

　確定申告不要制度の対象となる配当等は、次のとおりとされています。

① 上場株式等の配当等

　　上場株式等の配当等（大口株主等が支払を受けるものを除きます。）は、配当等の金額にかかわらず、確定申告不要制度の対象となります。

② 上場株式等以外の配当等

　　1銘柄につき1回に支払を受ける配当等の金額が、**10万円**に配当計算期間の月数を乗じて、12で除した金額**以下**である場合には、確定申告不要制度の対象となります。

（注1）確定申告不要制度を選択するかどうかは、1回に支払を受ける配当等の額ごとに選択することができます。

（注2）確定申告不要制度を選択した配当に係る元本の取得に要した負債の利子は、他の配当収入金額から控除できません。

（注3）確定申告不要制度を選択した場合、配当控除の適用はありません。

■総合課税と確定申告不要制度

		総合課税 配当控除	確定申告 不要制度
上場株式等の配当等 （大口株主等が支払を受ける配当等を除く）		選択可	**選択可**
上場株式等以外の配当等 ・大口株主等が受ける上場株式等の配当等 ・非上場株式等の配当等	$10万円 \times \dfrac{配当計算期間}{12}$ **以下**	選択可	選択可
	$10万円 \times \dfrac{配当計算期間}{12}$ 超	選択可	選択不可

配当控除額

配当控除する金額（以下「配当控除額」といいます。）は、課税総所得金額の区分により、次のように計算されます。ただし、配当控除額がその年分の所得税額を超えるときは、その所得税額を限度としますので、控除しきれない金額は、切捨てとなります。

■配当控除額

課税総所得金額	配当控除額の算式
①課税総所得金額≦1,000万円	配当所得×**10%**
②課税総所得金額＞1,000万円、かつ、 （課税総所得金額－配当所得） ＞1,000万円	配当所得×**5%**
③課税総所得金額＞1,000万円、かつ、 （課税総所得金額－配当所得） ≦1,000万円	（課税総所得金額－1,000万円）× 5%＋{配当所得－（課税総所得金額－1,000万円）}×10%

[配当所得]

配当所得の申告分離課税

重要度　　[★☆☆]

進度チェック ☑☑☑

出題【23年10月・問2】

申告分離課税

　平成21年1月1日以後に支払を受ける上場株式等の配当所得（大口株主等が受けるものを除きます。）については、課税配当所得の金額の15％（住民税5％）の所得税がかかる**申告分離課税**を選択することができます。

　この場合において、確定申告する上場株式等に係る配当所得のすべてについて、総合課税と申告分離課税のいずれかを選択しなければなりません。

(注) 申告分離課税を選択した場合、配当控除の適用を受けることはできません。

上場株式等の譲渡損失と配当所得との損益通算

　平成21年分以後の所得税において、その年分の上場株式等の譲渡損失の金額またはその年の前年以前3年以内に生じた上場株式等の譲渡損失の金額（すでに控除したものを除きます。）がある場合には、これらの損失の金額を、申告分離課税を選択した上場株式等の配当所得の金額から控除することができます。

　なお、平成28年分の所得税から、上場株式等の譲渡損失と配当所得の損益通算の特例の対象に、特定公社債等の利子所得と譲渡所得が加えられ、これらの所得間ならびに申告分離課税を選択した上場株式等の配当所得および譲渡所得との損益通算が可能とされました。

■配当所得の課税のしくみ

		源泉徴収税率	総合課税配当控除	申告分離課税	確定申告不要制度
上場株式等の配当等（大口株主等が支払を受ける上場株式等の配当等を除く）		所得税15%住民税5%^(注)	選択可	選択可	選択可
上場株式等以外の配当等 ・大口株主等が受ける上場株式等の配当等 ・非上場株式等の配当等	（10万円×配当計算期間÷12）以下	所得税20%住民税なし	選択可	選択不可	選択可
	（10万円×配当計算期間÷12）超		選択可	選択不可	選択不可

（注）平成26年1月1日以後に支払を受けるもの

[不動産所得]
不動産所得の範囲

重　要　度　　[★★★]

進度チェック　☑ ☑ ☑

不動産所得の範囲

不動産所得とは、次の不動産等の貸付による所得をいいます。

① 　土地や建物等の不動産

② 　借地権等の不動産の上に存する権利

③ 　一定の船舶や航空機

礼金、更新料等の取扱い

不動産等の貸付をしたことに伴い一時に収受する礼金、名義書換料、更新料等は、その貸付不動産の引渡しがあった日（契約の効力発生の日によることも認められます。）に不動産所得の総収入金額に算入します。

ただし、建物等の所有を目的とする借地権の設定の対価で、その土地の時価の10分の5を超えるものは、不動産所得ではなく、**譲渡所得**として取扱われます。

敷金等の取扱い

不動産等の貸付をしたことに伴い敷金、保証金等の名目により収受する額のうち、返還を要しないことが確定した金額は、不動産所得の総収入金額に算入します。返還を要するものは、預り金に該当しますので、不動産所得の総収入金額に算入されません。

■不動産所得に該当するもの・しないもの

具体例	所得の区分
不動産（土地、貸家、アパート、マンション、船舶等）の賃貸により収受する家賃・地代等の賃料、**共益費**、**礼金**、**更新料**	不動産所得
貸家等の貸付に付随して貸し付ける駐車場の利用料	
広告等のため、土地、家屋の屋上または側面、塀等を使用させる場合（**広告看板**やネオンサインの設置）の所得	
敷金、保証金、権利金等で返還を要しないもの（返還を要するものは、預り金に該当しますので、不動産所得の総収入金額に算入されません。）	不動産所得
建物等の所有を目的とする**借地権の設定の対価で、その土地の時価の10分の5を超えるもの**	**譲渡所得**
アパート、貸間等のように食事を供さない場合	不動産所得
下宿等のように食事を供する場合	事業所得または雑所得
ホテル、旅館等の経営にかかる所得	
有料駐車場、有料自転車置場等の所得のうち、自己の責任において他人の物を保管する場合（時間極駐車場等）	事業所得または雑所得
有料駐車場、有料自転車置場等の所得のうち、上記以外の場合（月極駐車場等）	不動産所得
不動産業者が販売の目的で取得した不動産を一時的に貸し付けた場合の所得	事業所得
事業所得を生ずべき事業を営む者（事業主）が、**従業員に寄宿舎等を利用させることにより受ける使用料**	**事業所得**
機械、車両等の動産の貸付による所得	事業所得または雑所得
貸家等の損害に伴い支払われた損害保険金	非課税

不動産所得の金額

重要度　　　[★★★]

進度チェック　☑ ☑ ☑

不動産所得の金額

　不動産所得の金額は、その年中の不動産所得に係る総収入金額から必要経費を控除して計算します。

■不動産所得の計算

不動産所得 の　金　額	＝	総収入金額	－	必要経費	－	**（青色申告者のみ）** 青色申告 特別控除額

総合課税

　青色申告者については、他の所得と合計して総所得金額を計算（総合課税）する際、青色申告特別控除額を控除した後の金額が総所得金額に算入されます。

> 不動産所得の金額＝総収入金額－必要経費（－青色申告特別控除額）

青色申告特別控除額

　次の要件すべてを満たしている青色申告者は、青色申告特別控除額として、最高55万円 [注] を控除することができ（e-Tax を使用するなどの要件を満たす場合の控除額は**最高65万円**）、それ以外の青色申告者は最高10万円を控除することができます。

　　①　不動産の貸付が事業として行われていること（事業的規模）

　　②　正規の簿記の原則に従い取引を記録していること

　　③　貸借対照表・損益計算書等を作成していること　等

（注）令和元年分以前の控除額は、最高65万円。

不動産所得に赤字がある場合

　総所得金額を計算する場合において、不動産所得の金額の計算上生じた損失の金額（赤字）があるときは、これを他の所得の金額（黒字）から控除できます。

　ただし、分離課税される譲渡所得の金額から控除することはできません。

土地の取得に要した負債利子がある場合

　不動産所得の損失の金額のうち、**土地**（土地の上に存する権利を含みます。）を取得するために要した負債の利子に相当する部分の金額で一定のものは、その損失が生じなかったものとみなされ、他の所得の金額から控除することができません。

例　不動産所得の金額が、総収入金額1,000万円－必要経費1,200万円＝△200万円の場合において、損益通算の対象となる金額はいくらでしょうか？

①　必要経費に土地の取得に要した負債利子150万円が含まれているケース

　　不動産所得の損失の金額200万円から150万円を除いた50万円が損益通算の対象となります。

②　必要経費に土地の取得に要した負債利子300万円が含まれているケース

　　不動産所得の損失の金額200万円に相当する負債利子がなかったものとされますので、損益通算の対象となる不動産所得の損失の金額は0円となります。

[不動産所得]
不動産所得の必要経費

重　要　度　　[★★★]

進度チェック ☑ ☑ ☑

出題【24年3月・問7】

必要経費

　不動産所得の計算上、必要経費となる金額は、不動産収入を得るため直接に要した費用の額および販売費、一般管理費その他不動産所得を生ずべき業務について生じた費用の額です。

　具体的には、固定資産税、不動産取得税、修繕費（増築費等を除きます。）、損害保険料、減価償却費、借入金の利子等があります。

生計を一にする親族に支払う対価

　不動産所得を生ずべき事業を営む居住者が、生計を一にする配偶者その他の親族に支払う**賃借料、借入金の利子、給料**（青色申告の事業専従者給与等を除きます。）等の対価の額は、その居住者の不動産所得の金額の計算上、必要経費に算入されません。

■生計を一にする親族に支払う対価の不動産所得における取扱い

生計一親族に支払う対価		取扱い
給料等の労務の対価	事業的規模	青色事業専従者給与、事業専従者控除が必要経費に算入されます
	上記以外	必要経費に算入されません
賃借料、借入金の利子等		必要経費に算入されません

■必要経費に算入されるものの具体例

　賃貸した不動産等に係る以下のものが必要経費に該当します。

固定資産税、不動産取得税
修繕費（建物の増築費等の資本的支出を除きます。）
火災保険料等の**損害保険料**
共用部分の光熱費
減価償却費
貸家の管理に要した費用（**管理人に対する管理報酬**）
賃借料（生計を一にする親族に支払うものを除きます。）
入居者募集のための広告費
借入金の利子（生計を一にする親族に支払うものを除きます。）
借入金の抵当権設定費用
資産の**取壊し損失**（全額または一定の金額）
青色事業専従者給与

■必要経費に算入されないものの具体例

居住者と生計を一にする配偶者その他の親族に支払う賃借料、借入金の利子、給料（青色事業専従者給与等を除きます。）**等の対価**
固定資産（建物、土地など）の取得に要した費用
建物の**増築費**等の資本的支出
借入金の元本の返済
所得税、住民税
土地、建物の取得や譲渡に際して支払う借家人等の立退料

［不動産所得］
事業的規模か否かによる相違点

重 要 度　　[★★☆]

進度チェック　☑☑☑

出題【22年3月・問8】

事業的規模

　所得税では、不動産の貸付が事業として行われている（以下「事業的規模」といいます。）かどうかによって、所得金額の計算上その取扱いに差異が設けられています。

　不動産の貸付が事業的規模かどうかは、社会通念上事業と称するに至る程度の規模で行われているかどうかにより判定されますが、建物の貸付については、次のいずれか一に該当する場合、事業的規模により行われているものとされます。

① 　貸間、アパート等については、貸与することができる独立した室数がおおむね**10室以上**であること。

② 　独立家屋の貸付については、おおむね**5棟以上**であること。

資産の取壊し等による損失

　不動産所得を生ずべき業務の用に供される固定資産の取壊し、除去、滅失等により生じる損失については、次のように取扱われます。

① 　不動産の貸付が事業的規模の場合には、その損失の**全額**が必要経費に算入されます。

② 　不動産の貸付が事業的規模でない場合には、㋑ その年分の資産損失を差し引く前の不動産所得の金額を限度として必要経費に算入され、㋺ 災害等によるものは、選択により雑損控除の対象とすることもできます。

■事業的規模か否かによる所得計算上の主な相違点

	事業的規模である場合	事業的規模以外の場合
資産の取壊し、除去、滅失等による資産損失	**全額**が必要経費に算入されます。	①その年分の資産損失を差し引く前の**不動産所得の金額を限度**として必要経費に算入されます。
		②災害等によるものは、雑損控除の対象とすることもできます。
青色申告の事業専従者給与 または 白色申告の事業専従者控除	適用があります。	適用がありません。
青色申告者の青色申告特別控除	①正規の簿記の原則に従い取引を記録し、貸借対照表・損益計算書等を作成等している場合、最高55万円^(注)が控除され、e-Taxを使用するなどの要件を満たす場合、**最高65万円**が控除されます。	最高10万円が控除されます。
	②上記①以外の場合、最高10万円が控除されます。	

（注）令和元年分以前の控除額は、最高65万円。

12

［事業所得］
事業所得の金額の計算

重　要　度　　［★☆☆］

進度チェック　▢▢▢

出題【24年 3 月・問13】

事業所得の範囲

　事業所得とは、農業、漁業、製造業、卸売業、小売業、サービス業その他の事業から生ずる所得（不動産所得、山林所得または譲渡所得に該当するものを除きます。）をいいます。

事業所得の金額

　事業所得の金額は、その年中の事業所得に係る総収入金額から必要経費を控除した金額です。

> 事業所得の金額＝総収入金額－必要経費（－青色申告特別控除）

生計を一にする親族に支払う対価

　事業所得を生ずべき事業を営む居住者が、生計を一にする配偶者その他の親族に支払う賃借料、借入金の利子、給料（青色申告の事業専従者給与等を除きます。）等の対価の額は、その居住者の事業所得の金額の計算上、必要経費に算入されません。

青色申告特別控除額

　正規の簿記の原則に従い取引を記録し、貸借対照表・損益計算書等を作成している等の要件を満たしている青色申告者は、青色申告特別控除額として、不動産所得と合わせて最高55万円^(注) を控除することができ（e-Tax を使用するなどの要件を満たす場合の控除額は**最高65万円**）、それ以外の青色申告者は最高10万円を控除することができます。

（注）令和元年分以前の控除額は、最高65万円。

24

■事業所得に該当するもの・しないもの

具体例	所得の区分
不動産賃貸業の所得	不動産所得
事業用資金の預金利子	利子所得
事業の遂行上取引先または使用人に貸し付けた貸付金の利子	**事業所得**
事業用固定資産の譲渡による所得	譲渡所得
アパート、貸間等のように食事を供さない場合	不動産所得
下宿等のように食事を供する場合	事業所得 または雑所得
ホテル、旅館等の経営に係る所得	
有料駐車場、有料自転車置場等の所得のうち、自己の責任において他人の物を保管する場合（時間極駐車場等）	事業所得 または雑所得
上記以外の場合（月極駐車場等）	不動産所得
不動産業者が販売の目的で取得した不動産を一時的に貸し付けた場合の所得	事業所得
従業員に寄宿舎等を利用させることにより受ける使用料	**事業所得**

■青色事業専従者給与

取扱い	青色申告者が、青色申告者と生計を一にする配偶者その他の親族（年齢15歳未満である者を除きます。）でもっぱらその事業に従事するものに、あらかじめ税務署長に提出した**届出書に記載**されている金額の範囲内において支給した給与のうち、労務の対価として相当と認められるものは、その青色申告者の事業所得等の金額の計算上、必要経費に算入することができます。
注意点	青色事業専従者が支払を受けた青色事業専従者給与は、その青色事業専従者のその年分の給与所得にかかる収入金額とされます。
	青色事業専従者として給与の支払を受けている者は、配偶者控除の控除対象配偶者や扶養控除の扶養親族の対象とはされません。

[譲渡所得]

譲渡所得の範囲

重 要 度　　[★★☆]

進度チェック　☑☑☑

出題【24年3月・問9】

譲渡所得の範囲

譲渡所得とは、資産の譲渡による所得をいいます。

ただし、次に掲げる所得は、譲渡所得に含まれないものとされています。

① 金銭債権の譲渡

② 棚卸資産の譲渡その他営利を目的として継続的に行われる資産の譲渡による所得

③ 山林の伐採または譲渡による所得

なお、日常生活に通常必要とされる生活用動産の譲渡による所得は非課税とされます。

総合課税と分離課税

譲渡所得は、譲渡資産の種類によって、総合課税の対象になるものと、分離課税の対象になるものとに区分されます。

■譲渡資産の種類と課税方法

譲渡資産の種類	課税方法
土地、建物等の譲渡	分離課税
株式等の譲渡	分離課税
その他の資産の譲渡	総合課税

■譲渡所得に該当するもの・しないもの

資産の譲渡の区分	具体例	課税方法	所得区分
①金銭債権の譲渡	**金銭債権の譲渡による所得**	総合課税	事業所得または雑所得
②棚卸資産の譲渡、営利を目的とした継続的な資産の譲渡	仕入等に伴い取得した空き缶、空き箱、空き瓶等の売却による所得	総合課税	事業所得または雑所得
	不動産販売業者が販売目的で所有する不動産（棚卸資産に該当します。）の販売による所得		
	建売業者が販売目的で所有する建売住宅の販売による所得		
③山林の伐採または譲渡	保有期間5年以内の譲渡	総合課税	事業所得雑所得
	保有期間5年超の譲渡	**分離課税**	**山林所得**
④上記以外の譲渡	**ゴルフ会員権の譲渡による所得**	**総合課税**	**譲渡所得**
	高額な**美術工芸品の譲渡**による所得		
	金（地金）の譲渡による所得		
	自己の研究成果である特許権、自己の著作に係る著作権等の権利の譲渡		
	居住用不動産の譲渡による所得	分離課税	譲渡所得
	貸家や賃貸アパートとして使用していた土地・建物の譲渡による所得		
	倉庫や店舗等の事業用の建物とその敷地の譲渡による所得		
	借地権の譲渡による所得		

長期譲渡所得・短期譲渡所得の区分

重要度　　　[★★☆]

進度チェック　☑☑☑

出題【24年3月・問11】

長期譲渡所得と短期譲渡所得

　譲渡所得は、譲渡資産を取得した日から譲渡した日までの期間によって、長期譲渡所得と短期譲渡所得に区分されます。

①　総合課税される資産の譲渡

　　取得した日から譲渡した日までの期間が**5年**を超える資産の譲渡は長期譲渡所得、その期間が**5年**以下の資産の譲渡は短期譲渡所得に区分されます。

　　なお、<u>自己の研究成果である特許権、自己の著作に係る著作権等の譲渡は、長期譲渡所得に区分されます。</u>

②　分離課税される資産の譲渡

　　取得した日から譲渡した年の**1月1日までの期間が5年**を超える資産の譲渡は長期譲渡所得、その期間が**5年**以下の資産の譲渡は短期譲渡所得に区分されます。

相続、贈与等により取得した資産の取得の日

　譲渡した資産が、相続・贈与等により取得した資産であったとき（被相続人等に譲渡所得課税が行われる場合を除きます。）は、**被相続人・贈与者等が取得した日**を、相続人・受贈者等が譲渡資産を取得した日とみなします。

■譲渡所得の区分

譲渡資産の種類	課税方法	所有期間等	長期・短期の区分
土地建物等、株式等以外の資産の譲渡	総合課税	取得した日から譲渡の日までの期間が5年超	長期譲渡所得
		自己の研究成果である特許権、自己の著作に係る著作権等の譲渡	
		取得した日から譲渡の日までの期間が5年以下	短期譲渡所得
土地、建物等の譲渡	分離課税	取得した日から譲渡した年の1月1日までの期間が5年超	長期譲渡所得
		取得した日から譲渡した年の1月1日までの期間が5年以下	短期譲渡所得

■譲渡した資産の取得の日

取得の方法	取得の日
購入した資産	購入した日（引渡しを受けた日）
相続、贈与等により取得した資産	被相続人、贈与者等が取得した日
買換えの特例の適用を受けて取得した資産	買換えによりその資産を取得した日
譲渡所得の特例（収用、交換）の適用を受けて取得した資産	譲渡した旧資産（収用された資産、交換譲渡資産）の取得の日

15

［譲渡所得］
譲渡所得の金額の計算

重 要 度　　［★★★］

進度チェック　☑ ☑ ☑

出題【24年 3 月・問10】

譲渡所得の金額

　譲渡所得の金額は、資産の譲渡による総収入金額から譲渡した資産の取得費と譲渡に要した費用の額を控除した残額（以下「譲渡益」といいます。）から、譲渡所得の特別控除額を控除して計算します。

総合課税されるものの譲渡所得の金額

　総合課税されるものの譲渡所得の特別控除額は**50万円**で、譲渡益が50万円に満たないときは、その譲渡益の金額までしか控除できません。

　なお、その年に短期と長期の譲渡益があるときは、まず、<u>短期の譲渡益から控除します</u>。

総所得金額の計算

　他の所得と合計して総所得金額を計算（総合課税）する際には、短期譲渡所得の金額はその全額が総合課税の対象になりますが、長期譲渡所得の金額はその2分の1が総合課税の対象になります。

土地建物等の譲渡所得の金額

　土地建物等の譲渡所得の特別控除額は、特例を適用したときのみに適用され、収用交換の場合は**5,000万円**、居住用財産を譲渡した場合には**3,000万円**を控除します。

（注）土地建物等の譲渡には、50万円の特別控除は適用されません。

■総合課税されるものの譲渡所得の金額

① 譲渡所得の金額

総収入金額 －（譲渡資産の取得費 ＋ 譲渡費用）＝ 譲渡益

譲渡益 － 譲渡所得の特別控除額（最高50万円）＝ 譲渡所得の金額

② 総所得金額に算入される譲渡所得の金額

短期譲渡所得の金額	⟶	総所得金額に算入される 短期譲渡所得の金額
長期譲渡所得の金額 $\times \dfrac{1}{2}$	⟶	総所得金額に算入される 長期譲渡所得の金額

■土地建物等の譲渡所得の金額

総収入金額 －（譲渡資産の取得費 ＋ 譲渡費用）＝ 譲渡益

$$譲渡益 \quad - \quad \begin{bmatrix} 譲渡所得の特別控除額 \\ 収用交換5,000万円 \\ 居住用財産の譲渡3,000万円 \end{bmatrix} \quad = \quad 譲渡所得の金額$$

[譲渡所得]
取得費と譲渡費用

重要度 　　[★★☆]

進度チェック ☑☑☑

出題【23年10月・問9】

譲渡所得計算上の取得費

　取得費は、その資産の取得に要した金額ならびに設備費および改良費の額の合計額とします。

　譲渡資産が、家屋等の使用または期間の経過により減価する資産である場合には、その取得の日から譲渡の日までの期間のその資産の償却費の累計額や減価の額を控除した金額とします。

概算取得費

　取得費が分からないときや、実際の取得費が譲渡収入金額の5％以下であるときは、取得費を**譲渡収入金額の5％相当額**とすることができます。

相続、贈与等により取得した資産の取得費

①　譲渡した資産が、相続・贈与等により取得した資産であったとき（被相続人等に譲渡所得課税が行われる場合を除きます。）は、被相続人・贈与者等の取得費を、相続人・受贈者等の譲渡資産の取得費とみなします。

②　相続や遺贈により取得した財産を、相続税の申告期限の翌日以後3年以内に譲渡した場合には、相続税額のうち一定額が取得費に加算されます。

■取得費の金額

| 取得費 | = | 取得に要した金額、設備費、改良費の合計額 | − | 減価償却累計額、減価の額 |

■譲渡した資産の取得費

取得の方法等	取得費
購入した資産	購入代金等
取得費が分からないとき、実際の取得費≦譲渡収入金額の5％のとき	**譲渡収入金額の5％**
相続、贈与等により取得した資産	被相続人、贈与者等の取得費（一定の場合、相続税額を取得費に加算する特例があります。）
譲渡所得の特例（収用、交換、買換）の適用を受けて取得した資産	譲渡した旧資産の取得費

■譲渡に要した費用（譲渡費用）に該当するもの・しないもの

該当するもの	資産の譲渡に際して支出した**仲介手数料**、登記費用、**測量費用**
	借家人等を立ち退かせるための**立退料**
	土地を譲渡するためその土地の上にある**建物等の取壊しに要した費用**
	すでに売買契約を締結している資産をさらに有利な条件で他に譲渡するため、その契約を解除したことに伴い支出する違約金
該当しないもの	譲渡資産の**修繕費**
	譲渡資産の**固定資産税**、不動産取得税
	その他譲渡資産の維持または管理に要した費用

［譲渡所得］
土地建物の譲渡に係る所得税額の計算

重 要 度　　[★★☆]

進度チェック　☑☑☑

出題【23年10月・問12】

土地建物等の長期譲渡所得に対する所得税額

　個人が、その年の1月1日において所有期間が5年を超える土地建物等の譲渡をした場合には、その譲渡による譲渡所得については、他の所得と区分し、課税長期譲渡所得の金額の**15%**（住民税は5%）に相当する所得税が課せられます。

土地建物等の短期譲渡所得に対する所得税額

　個人が、その年の1月1日において所有期間が5年以下である土地建物等の譲渡をした場合には、その譲渡による譲渡所得については、他の所得と区分し、課税短期譲渡所得の金額の**30%**（住民税は9%）に相当する所得税が課せられます。

居住用財産を譲渡した場合の長期譲渡所得の課税の特例

　個人が、居住用財産に該当する土地建物等の譲渡でその年の1月1日において所有期間が10年を超えるものの譲渡（配偶者等の特別の関係がある者に対する譲渡を除きます。）をした場合には、3,000万円の特別控除後の課税長期譲渡所得金額に軽減税率を適用した次に掲げる所得税が課せられます。

① **課税長期譲渡所得金額が6,000万円以下のとき**

　課税長期譲渡所得金額の10%に相当する金額

② **課税長期譲渡所得金額が6,000万円を超えるとき**

　㋑600万円と、㋺その課税長期譲渡所得金額から6,000万円を控除した金額の15%に相当する金額、の合計額

■分離長期譲渡所得金額に対する税額計算

課税長期譲渡所得金額 × 15% ＝ 所得税額

■分離短期譲渡所得金額に対する税額計算

課税短期譲渡所得金額 × **30%** ＝ 所得税額

■居住用財産の譲渡の特例（軽減税率）を受ける場合の税額計算

① **課税長期譲渡所得金額が6,000万円以下のとき**
課税長期譲渡所得金額 × **10%** ＝ 所得税額

② **課税長期譲渡所得金額が6,000万円を超えるとき**
600万円 ＋（課税長期譲渡所得金額 － 6,000万円）× 15% ＝ 所得税額

■居住用財産の譲渡の特例（軽減税率）のポイント

居住用財産に該当する土地建物等の譲渡であること

譲渡の年の1月1日において所有期間が10年を超えるものの譲渡であること

3,000万円特別控除後の課税長期譲渡所得金額に適用されること

■居住用財産の譲渡の特例（軽減税率）の適用除外

次のいずれかに該当する場合には、この特例は適用されません。

配偶者その他の特別の関係がある者に対する譲渡である場合

居住用財産の譲渡について居住用財産の買換えや交換の特例等他の特例の適用を受ける場合
（3,000万円特別控除と軽減税率の特例は、重ねて適用を受けることができます。）

譲渡した年の前年または前々年に、この特例の適用を受けている場合

[譲渡所得]
居住用財産の譲渡に係る特例

重要度　[★★☆]

進度チェック ☑☑☑

出題【23年10月・問11】

居住用財産の譲渡所得の特別控除（3,000万円特別控除）

　個人が、居住用財産（居住の用に供している家屋およびその敷地等）を譲渡した場合には、譲渡所得の金額から**3,000万円**を控除することができます。
（注）3,000万円特別控除は、短期譲渡・長期譲渡にかかわらず適用されます。

家屋とその敷地の所有者が異なる場合の3,000万円特別控除

　家屋の所有者と敷地の所有者が生計を一にする親族である等一定の条件に合致する場合、3,000万円特別控除は、まず家屋の所有者の譲渡益から控除し、家屋の所有者の控除額が3,000万円に達しなかったときに、その控除不足額を敷地の所有者の譲渡益から控除します。

特定の居住用財産の買換えの特例

　個人が、その年の1月1日において所有期間が10年を超え、かつ居住期間が10年以上である土地建物等の譲渡をした場合（譲渡対価の額が1億円以下であるときに限ります。）において、その譲渡した日の属する年の前年1月1日からその譲渡の日の属する年の翌年の12月31日までの間に、買換資産を取得し、その取得した日の属する年の翌年12月31日までの間に自己の居住の用に供するときは、次の特例の適用があります。

① その譲渡による収入金額が買換資産の取得価額以下である場合、その譲渡がなかったものとします。

② その譲渡による収入金額が買換資産の取得価額を超える場合、その超える部分に譲渡があったものとして、長期譲渡所得課税が適用されます。

■居住用財産の3,000万円特別控除の適用除外

次のいずれかに該当する場合には、この特例は適用されません。

配偶者その他の特別の関係がある者に対する譲渡である場合

譲渡した年または前年もしくは前々年に、**居住用財産の買換え**や交換の特例の適用を受けている場合

居住用財産の譲渡について**収用**等の特例の適用を受ける場合

譲渡した年の前年または前々年に、この特例の適用を受けている場合

(注) 所有期間10年超の居住用財産を譲渡した場合の**軽減税率の特例と3,000万円特別控除は、重ねて適用を受けることができます。**

■特定の居住用財産の買換えの特例の適用除外

次のいずれかに該当する場合には、この特例は適用されません。

配偶者その他の特別の関係がある者に対する譲渡である場合

譲渡した年または前年もしくは前々年に、居住用財産を譲渡した場合の軽減税率、3,000万円特別控除等の特例の適用を受けている場合

居住用財産の譲渡について収用等の特例の適用を受ける場合

■譲渡した居住用財産の所有(居住)期間と特例

譲渡した年の1月1日における所有期間		3,000万円特別控除	軽減税率	買換え
所有期間10年超	居住期間10年以上	適用あり	適用あり	適用あり
	上記以外			適用なし
所有期間10年以下			適用なし	

併用可能

［譲渡所得］
有価証券を譲渡したときの課税

重 要 度　　［★★☆］
進度チェック　☑☑☑

出題【24年 3 月・問12】

有価証券の譲渡の課税態様

　有価証券を譲渡した場合の所得は、原則として、他の所得と区分して課税される**申告分離課税**の対象とされています。

　平成28年 1 月 1 日以後に行われる特定公社債等及び一般公社債等の譲渡による所得については、非課税の対象から除外されたうえ、申告分離課税の対象とされました。

　この改正により、株式等の譲渡所得については、「上場株式等に係る譲渡所得等の課税の特例」と「一般株式等に係る譲渡所得等の課税の特例」とそれぞれ別々の申告分離課税制度とされました。

申告分離課税

　株式等の譲渡による譲渡所得については、他の所得と区分し、その年中の株式等に係る譲渡所得の金額に対し、原則として**所得税15％（住民税は 5 ％）**の税率により課税されます。

株式等の譲渡により損失が生じた場合

　株式等の譲渡により損失が生じた場合、その譲渡損失の金額は、他の株式等の譲渡益から控除しますが、控除しきれなかった損失の金額はなかったものとみなされ、他の各種所得と損益通算することはできません。

　(注) 平成28年分から、上場株式等と一般株式等（非上場株式等）との間で譲渡損益の通算はできなくなりました。

■有価証券の譲渡所得の課税態様

	有価証券の譲渡所得
総合課税	ゴルフ場の施設利用権に類似する有価証券の譲渡所得
分離課税	**上場株式・非上場株式の譲渡所得**
	有限会社社員の持分の譲渡所得
	特定公社債等・一般公社債等の譲渡所得

■株式等に係る譲渡所得の金額

株式等の譲渡所得の金額 ＝ 株式等の譲渡収入金額 － （株式等取得費 ＋ 譲渡費用 ＋ 借入金利子）

■株式等の譲渡所得に係る税率

		所得税	住民税
上場株式等の譲渡所得に係る税率	平成26年1月1日以後の譲渡	15%	5%
一般株式等の譲渡所得に係る税率		15%	5%

［譲渡所得］
上場株式等を譲渡したときの特例

重 要 度　　［★★★］

進度チェック ☑☑☑

上場株式等に係る譲渡損失の3年間の繰越控除および損益通算

　上場株式等の譲渡により生じた損失の金額のうち、その年の他の株式等の譲渡所得の金額から控除しきれない譲渡損失の金額については、その年の申告分離課税を選択した配当所得の金額から控除できます。

　また、その年の前年以前3年内に生じた上場株式等の譲渡損失の金額（すでに控除したものを除きます。）があるときは、その年分の株式等に係る譲渡所得の金額および申告分離課税を選択した配当所得の金額から繰越控除できます。

　（注）上場株式等の譲渡損失および配当所得の損益通算・繰越控除の対象に、平成28年
　　　　1月1日以後に生じた特定公社債等の利子所得および譲渡所得等が加えられます。

■上場株式等に係る譲渡損失の3年間の繰越控除

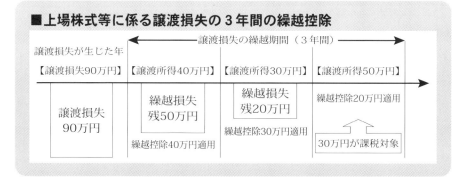

特定口座制度

　金融商品取引業者等の特定口座内で生じる上場株式等の譲渡所得に対して源泉徴収することを選択した場合には、その特定口座（以下「源泉徴収口座」といいます。）における上場株式等の譲渡所得は、確定申告が不要になります。

　ただし、他の特定口座での譲渡損益と相殺する場合や、上場株式等に係る

譲渡損失の繰越控除の特例の適用を受ける場合には、確定申告をする必要があります。

少額上場株式等に係る配当所得及び譲渡所得等の非課税措置（NISA）

NISA は、18歳以上（非課税口座を開設する年の 1 月 1 日現在）の居住者等が、金融商品取引業者等に開設している非課税口座で取得した上場株式等について、その配当等やその上場株式等を売却したことにより生じた譲渡益が非課税となる制度です。

この非課税口座は、1 年ごとに、1 人につき 1 つの金融商品取引業者等でしか口座開設することができません。

なお、非課税口座で生じた上場株式等の譲渡損失はないものとみなされ、その年に生じた非課税口座以外の口座で保有する上場株式等の譲渡所得や配当所得との損益通算や繰越控除を行うことはできません。

令和 6 年以後の NISA 制度（新 NISA）

令和 6 年 1 月 1 日から開始する新 NISA 制度では、非課税保有期間が**無期限**となり、口座開設期間は恒久化されています。

年間投資上限額は、「つみたて投資枠」が120万円、「成長投資枠」が**240万円**に拡充されるとともに、「つみたて投資枠」と「成長投資枠」との併用も可能となり、非課税保有限度額（総枠）が**1,800万円**（うち「成長投資枠」の限度額は1,200万円）とされます。非課税保有限度額（総枠）は簿価残高方式で管理され、枠の再利用も可能となります。

投資対象商品は、主に「つみたて投資枠」が積立・分散投資に適した一定の公募等株式投資信託、「成長投資枠」が上場株式や公募等株式投資信託等（一部の商品を除く）とされています。

	つみたて投資枠	成長投資枠
年間投資上限額	120万円	240万円
非課税保有限度額（総枠）	1,800万円	
		1,200万円（内数）
投資対象商品	一定の公募等株式投資信託	上場株式・公募等株式投資信託等（一部の商品を除く）

[一時所得]

一時所得

一時所得の範囲

　一時所得とは、営利を目的とする継続的行為から生じた所得以外の一時の所得で、労務や役務の対価としての性質や資産の譲渡の対価としての性質を有しないものをいいます。

一時所得の金額

　一時所得の金額は、その年中の一時所得に係る総収入金額から、その収入を得るために支出した金額の合計額を控除し、その残額から特別控除額（**50万円**（その残額が50万円に満たない場合には、その残額））を控除した金額とします。

総所得金額に算入される一時所得の金額

　総所得金額を計算する際には、一時所得の金額の **1 / 2 に相当する金額**を他の所得の金額と合計します。

　なお一時所得の金額の計算上生じた損失の金額は、なかったものとされ、他の各種所得の金額と損益通算することはできません。

■一時所得に該当するもの・しないもの

該当する	懸賞の賞金品、福引の当選金品、懸賞金付預貯金の懸賞金品
	競馬の馬券の払戻金、競輪の車券の払戻金
	生命保険契約に基づく一時金（満期保険金、解約返戻金）、損害保険契約に基づく満期返戻金
	法人からの贈与により取得する金品
	借家人が賃貸借の目的とされている家屋の立退きに際して受ける**立退料**
	売買契約が解除された場合に取得する手付金（業務に関するものを除きます。）
	遺失物拾得者が受ける報労金
該当しない	**生命保険契約に基づく年金**、損害保険契約に基づく年金（雑所得）
	勤務先から支給された賞与（給与所得）

■一時所得の金額

一時所得の金額	=	総収入金額	−	収入を得るために支出した金額	−	**特別控除額（最高50万円）**

■総所得金額に算入される一時所得の金額

一時所得の金額 × $\dfrac{1}{2}$ → 総所得金額に算入される一時所得の金額

年金（雑所得）・保険金の取扱い

重要度　　　［★★★］

進度チェック　☑☑☑

出題【24年3月・問5】

雑所得の範囲

　雑所得とは、利子所得、配当所得、不動産所得、事業所得、給与所得、退職所得、山林所得、譲渡所得および一時所得のいずれにも該当しない所得をいいます。

　具体的には、年金や恩給、貸金業以外の貸金利子、事業所得にはあたらない原稿料や講演料等が該当します。

雑所得の金額

雑所得の金額は、次の①と②に掲げる金額の合計額です。

① **公的年金等**

　その年中の公的年金等の収入金額－公的年金等控除額

② **公的年金等以外のもの**

　その年中の公的年金等以外の総収入金額－必要経費

生命保険金の取扱い

　生命保険の満期保険金は、保険金受取人が保険料負担者である場合には、所得税（一時所得）の対象となりますが、保険金受取人が保険料負担者以外である場合には、贈与税の対象となります。

　一方、死亡保険金は、保険料負担者が被保険者（被相続人）である場合には相続税の対象、保険料負担者が保険金受取人である場合には所得税（一時所得）の対象、保険料負担者が被保険者および保険金受取人以外の者である場合には贈与税の対象となります。

■保険金・年金の取扱い

保険料を負担した者が受け取る**生命保険契約に基づく一時金（満期保険金、解約返戻金）**、損害保険契約に基づく満期返戻金^(注)		一時所得
国民年金保険法、厚生年金保険法に基づく年金	公的年金等	雑所得
適格退職年金契約に基づく退職年金		
確定拠出年金法に基づいて老齢給付金として支給される年金		
確定給付企業年金法の老齢給付金として支給される年金		
保険料を負担した者が受け取る**生命保険契約に基づく年金**、損害保険契約に基づく年金	公的年金等以外	
確定給付企業年金法に定める企業型年金、個人型年金（iDeCo）の老齢給付金として支給される一時金		退職所得
棚卸資産・山林に損失を受けたことにより支払を受ける保険金		その業務の所得
遺族の受ける恩給および**年金**（死亡した者の勤務に基づいて支給されるもの）		非課税
身体の傷害や疾病等に基因して支払を受ける保険金・給付金		
資産（棚卸資産等を除く）の損害に基因して支払を受ける保険金		
保険料負担者である被保険者の死亡により支払を受ける保険金		相続税
被相続人および保険金受取人以外の者が保険料を負担した保険契約につき支払を受ける保険金		贈与税

（注）保険期間が5年以下、または保険期間の初日から5年以内に解約した一時払養老保険や一時払損害保険等の差益は、源泉分離課税されます。

[その他の所得]

その他の所得の計算

給与所得

　給与所得とは、俸給、給料、賃金、歳費および賞与ならびにこれらの性質を有する給与（以下「給与等」といいます。）に係る所得をいいます。

　給与所得の金額は、その年中の給与等の収入金額から給与所得控除額を控除した残額とされています。

退職所得

　退職所得とは、退職手当、一時恩給その他の退職により一時に受ける給与およびこれらの性質を有する給与（以下「退職手当等」といいます。）に係る所得をいいます。

　退職所得の金額は、その年中の退職手当等の収入金額から退職所得控除額を控除した残額の1／2に相当する金額とされています。

　なお退職所得の金額は、他の所得と分離して課税されます。

（注）勤続年数5年以下の者の退職所得の金額は、退職手当等の収入金額から退職所得控除額を控除した金額とされ、（特定役員退職手当等に該当しないものはその金額のうち300万円を超える部分のみ）2分の1とする措置は適用されません。

山林所得

　山林所得とは、山林の伐採または譲渡による所得をいいます。ただし、山林をその取得の日以後5年以内に伐採しまたは譲渡することによる所得は、**事業所得**または**雑所得**に該当し、山林所得に含まれないこととされています。

　山林所得の金額は、その年中の山林所得に係る総収入金額から必要経費を控除し、その残額から山林所得の特別控除額（50万円（その残額が50万円に満たない場合には、その残額））を控除した金額とされています。なお、

青色申告者であれば、青色申告特別控除額が控除されます。

　山林所得の金額に対する所得税額は、その年分の課税山林所得の金額の1／5に相当する金額に税率表の税率を乗じて計算した金額に5を乗じて計算（**5分5乗方式**）します。

■給与所得の金額

給与所得の金額 ＝ 収入金額 － 給与所得控除額

■退職所得の金額

退職所得の金額 ＝（収入金額 － <u>退職所得控除額</u>）× $\dfrac{1}{2}$

退職所得控除額

勤続年数	退職所得控除額
20年以下である場合	40万円 × 勤続年数 （80万円に満たない場合80万円）
20年を超える場合	**800万円＋70万円×（勤続年数－20年）**

（注1）**勤続年数に1年未満の端数があるときは、1年に切り上げて計算します。**
（注2）障害者になったことに起因して受ける退職手当等の場合、上記の退職所得控除額に100万円が加算されます。

■山林の譲渡・伐採の所得区分

山林の保有期間	所得区分
取得の日以後**5年超**の伐採・譲渡	山林所得
取得の日以後**5年以内**の伐採・譲渡	事業所得または雑所得

24

[総所得金額]
総所得金額と所得税額の計算

重要度　　[★★★]

進度チェック □□□

総所得金額の計算

　所得税の課税方法には、総合課税と分離課税があります。総合課税では、各種所得の金額を合計して総所得金額を計算し、税額計算の基とします。

　総所得金額に算入される所得の主なものは、配当所得、不動産所得、事業所得、給与所得、土地建物等・株式等以外の譲渡所得、一時所得、雑所得です。

損益通算

　総所得金額を計算する際に、各種所得の金額に損失（赤字）がある場合、その損失（赤字）の金額を他の所得（黒字）の金額と相殺（以下「損益通算」といいます。）することになりますが、損益通算が認められる損失は、不動産所得、事業所得、山林所得、譲渡所得に生じた損失に限られています。

　ただし、次に掲げる損失の金額は、損益通算の対象となりません。

① 　不動産所得の損失の金額のうち、土地等を取得するために要した負債の利子に相当する部分の金額

② 　土地建物等の譲渡所得の金額の計算上生じた損失の金額

　　（居住用財産の買換え等の場合の譲渡損失の損益通算の特例または特定居住用財産の損益通算の特例の適用を受ける場合には、損益通算が認められています。）

③ 　株式等の譲渡による損失の金額

　　（上場株式等の譲渡により生じた損失の金額は、申告分離課税を選択した上場株式等の配当所得および特定公社債等の利子所得の金額から控除することが認められています。）

④ 　生活に通常必要でない資産の譲渡所得の損失の金額

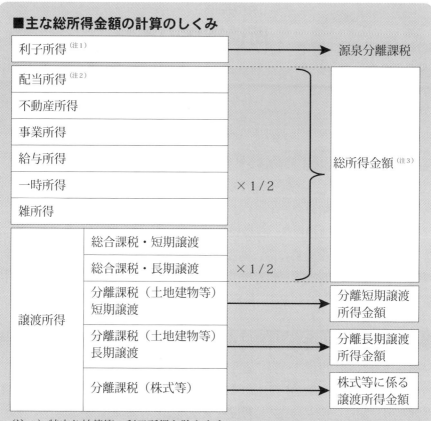

■主な総所得金額の計算のしくみ

| 利子所得^(注1) | → 源泉分離課税 |

利子所得^(注1) ───→ 源泉分離課税

| 配当所得^(注2) |
| 不動産所得 |
| 事業所得 |
| 給与所得 |
| 一時所得 |
| 雑所得 |

×1/2

| 譲渡所得 | 総合課税・短期譲渡 |
| | 総合課税・長期譲渡 |

×1/2

総所得金額^(注3)

	分離課税（土地建物等）短期譲渡	→ 分離短期譲渡所得金額
	分離課税（土地建物等）長期譲渡	→ 分離長期譲渡所得金額
	分離課税（株式等）	→ 株式等に係る譲渡所得金額

（注1）特定公社債等の利子所得を除きます。
（注2）確定申告をしないことを選択したものおよび、申告分離課税を選択した上場株式等の配当を除きます。
（注3）総所得金額を計算する際に、山林所得の金額に損失がある場合、その損失の金額を各所得の金額から控除します。

■総所得金額に係る所得税額の計算の仕組み

① 課税総所得金額（千円未満切捨）＝総所得金額－所得控除額
② ①に対する税額＝①× 税率－控除額（速算表利用）
③ 所得税額＝②－税額控除額
④ 納付税額（百円未満切捨）
＝③＋③×2.1％（復興特別所得税）－源泉徴収税額－予定納税額

25

[所得控除]

所得控除の種類

重　要　度　　[★★★]

進度チェック ☑☑☑

出題【24年 3 月・問18】

所得控除の種類

　所得税額の計算上、各種所得の金額を基礎として計算した総所得金額等から各種所得控除の額の合計額を控除して課税総所得金額等を計算します。

　所得控除には、雑損控除、医療費控除、社会保険料控除、小規模企業共済等掛金控除、生命保険料控除、地震保険料控除、寄附金控除、障害者控除、寡婦控除、ひとり親控除、勤労学生控除、配偶者控除、配偶者特別控除、扶養控除、基礎控除があります。

年末調整では適用されない所得控除

　給与所得者の所得税を計算する年末調整においても、給与所得の金額から各種の所得控除の金額が控除されますが、**雑損控除**、**医療費控除**および**寄附金控除**の金額は、年末調整では控除を受けることができません。

（参考）所得控除の種類

種類	概要
雑損控除	災害、盗難、横領によって、資産に損害を受けた場合
医療費控除 （医療費控除の特例）	医療費を支払った場合 （特定一般用医薬品等購入費を支払った場合）
社会保険料控除	社会保険料を支払った場合
小規模企業共済等 掛金控除	小規模企業共済、確定拠出年金の企業型年金・個人型年金（iDeCo）等の掛金を支払った場合
生命保険料控除	生命保険料や個人年金保険料を支払った場合
地震保険料控除	特定の損害保険契約等に係る地震等損害部分の保険料や掛金を支払った場合 （地震保険料の控除額は、**最高5万円**）
寄附金控除	国、地方公共団体、特定公益増進法人等に2,000円を超える特定寄附金を支出した場合
障害者控除	納税者本人、控除対象配偶者や扶養親族が障害者に該当する場合
寡婦控除	納税者が、夫と死別または離婚している場合
ひとり親控除	単身者が、生計を一にする子を有する場合
勤労学生控除	一定の勤労学生に該当する場合
配偶者控除	合計所得金額が1,000万円以下の納税者に控除対象配偶者がいる場合
配偶者特別控除	合計所得金額が1,000万円以下の納税者に一定の所得がある配偶者（控除対象配偶者を除きます。）がいる場合
扶養控除	16歳以上の控除対象扶養家族がいる場合 （一般の扶養親族は38万円、特定扶養親族は63万円）
基礎控除	納税者の合計所得金額が2,500万円以下の場合 [注] （注）控除額は、合計所得金額に応じて適用されます。

26

[所得控除]

雑損控除の対象となる損失

重 要 度　　[★★☆]

進度チェック ☑☑☑

出題【23年3月・問17】

雑損控除

　雑損控除とは、居住者またはその者と<u>生計を一</u>にする<u>配偶者その他の親族</u>の有する資産について、**災害**または**盗難**もしくは**横領**による損失が生じた場合等において、一定の金額を総所得金額等から控除する所得控除をいいます。

　(注) 雑損控除額をその年の所得金額から控除しきれない場合には、翌年以後3年間の繰越控除が認められています。

雑損控除の対象とならない資産

次に掲げる資産は、雑損控除の対象となる資産から除かれます。

① 　生活に通常必要でない資産

② 　棚卸資産

③ 　不動産所得、事業所得または山林所得を生ずべき事業の用に供される固定資産その他これに準ずる資産（繰延資産を含む）

④ 　山林

雑損控除の控除額

雑損控除の控除額は、次のうちいずれか多いほうの金額です。

■雑損控除の控除額

①損失の金額の合計額－総所得金額等$\times\dfrac{1}{10}$

②損失の金額のうち災害関連支出の金額－5万円

（注）損失の金額は、災害等に関連してやむを得ない支出（災害関連支出）をした金額を含みますが、保険金等により補てんされる部分の金額を除きます。

■雑損控除の対象となるもの・ならないものの具体例

	具体例
対象となるもの	**現金の盗難による損失**
	災害により居住用家屋に生じた損失
	災害により配偶者の有する家財に生じた損失
雑損控除の対象とならないもの	**別荘の火災による損失**
	1個または1組の価額が30万円を超える貴金属、書画、骨とう品等に生じた損失
	商品の盗難、横領による損失
	棚卸資産の棚ざらしによる損失
	事業用店舗や事業用倉庫の火災や地震による損失
	山林の火災による損失
	振込め詐欺の被害による損失（災害、盗難、横領に該当しません）
	売掛金の貸倒れによる損失

医療費控除

重　要　度　　[★★☆]
進度チェック　☑☑☑

出題【23年10月・問17】

医療費控除

　医療費控除とは、自己または自己と生計を一にする配偶者その他の親族に係る医療費を支払った場合において、一定の金額を総所得金額等から控除する所得控除をいいます。

　医療費控除の対象となる医療費とは、医師または歯科医師による診療または治療、治療または療養に必要な医薬品の購入その他の対価のうち通常必要であると認められるものをいいます。

医療費控除額の計算

　総所得金額等から控除される医療費控除による控除額は、その年中に支払った医療費の金額（保険金等で補てんされる部分の金額を除きます。）の合計額が、その者のその年分の<u>総所得金額等の５％に相当する金額（その金額が10万円を超える場合には、**10万円**）</u>を超える部分の金額（その金額が200万円を超える場合には、**200万円**）となります。

医療費控除の特例（セルフメディケーション税制）

　自己または自己と生計を一にする配偶者その他の親族に係る特定一般用医薬品購入費等を支払った場合において、その者がその年中に健康の保持増進および疾病予防への一定の取組みを行っているときは、医療費控除との選択により、特定一般用医薬品購入費等に係る医療費控除の特例の適用を受けることができます。

■医療費控除の対象となるもの・ならないものの具体例

	具体例
医療費控除の対象となるもの	医師または**歯科医師**による診療または治療の対価
	治療または療養に必要な**医薬品の購入費**
	助産師による分娩の介助を受ける費用
	医師等に診療等を受けるための**通院費**で、通常必要なもの
	入院時に支払う**食事代**等の費用で、通常必要なもの
	あん摩マッサージ指圧師、柔道整復師による施術費
	保健師、看護師または准看護師による療養上の世話代
医療費控除の対象とならないもの	**人間ドック**その他の**健康診断**のための費用（健康診断により重大な疾病が発見され、引続きその疾病の治療をした場合、その健康診断の費用は医療費控除の対象とされます。）
	美容整形手術のための費用
	疾病の予防または健康増進のために供されるものの購入費
	インフルエンザの予防接種費用

■医療費控除額の計算

その年中に支払った医療費の合計額 － 保険金等で補てんされる金額 － （①総所得金額等の５％相当額／②**10万円** いずれか少ない金額） ＝ 医療費控除額（最高200万円）

28

[所得控除]
その他の所得控除

重要度　　［★☆☆］
進度チェック □□□

出題【24年3月・問17】

寄附金控除

　寄附金控除とは、居住者が、一定の寄附金（以下「特定寄附金」といいます。）を支出した場合において、その年中に支出した<u>特定寄附金の額の合計額</u>（その合計額がその者のその年分の総所得金額等の40％相当額を超える場合には、その<u>総所得金額等の40％相当額</u>）が2,000円を超えるときは、その超える金額を、その者のその年分の総所得金額等から控除する所得控除をいいます。

　なお、確定申告書に寄附金控除を記載する場合には、特定寄附金の明細書その他一定の書類を確定申告書に添付する必要があります。

配偶者控除

　居住者に一定の配偶者（以下「控除対象配偶者」といいます。）がいる場合には、その年分の総所得金額等から最高38万円が控除され、その控除対象配偶者が年齢70歳以上の老人控除対象配偶者である場合には、最高48万円が控除されます。

　また、控除対象配偶者が、障害者に該当する場合には、控除額が加算されます。

　ただし、平成30年分以後の所得税について、合計所得金額が1,000万円を超える居住者は、配偶者控除の適用ができないこととされました。

　控除対象配偶者とは、居住者と<u>生計を一にする婚姻の届出をしている配偶者</u>のうち、<u>合計所得金額が48万円以下</u>^(注)である者（<u>青色事業専従者給与の支払を受ける者および白色申告者の事業専従者に該当する者を除きます。</u>）

をいいます。

(注) 令和元年分以前は、合計所得金額が38万円以下である者。

配偶者特別控除

配偶者特別控除は、居住者に生計を一にする配偶者(他の者の扶養親族および専従者を除き、合計所得金額が48万円超133万円以下^(注)である者に限ります。)で控除対象配偶者に該当しない者があるときに、総所得金額等から控除されます。

ただし、居住者の合計所得金額が1,000万円を超える場合には、配偶者特別控除は適用されません。

(注) 令和元年分以前は、合計所得金額38万円超123万円以下。

■寄附金控除の対象となるもの・ならないものの具体例

	具体例
寄附金控除の対象となるもの	**国**または**地方公共団体**に対する寄附金
	公益社団法人や公益財団法人等に対する寄附金のうち、財務大臣が指定したもの
	特定公益増進法人(独立行政法人、**日本赤十字社**、**社会福祉法人**等)に対する寄附金
	政党、政治資金団体などに対する政治活動に関する寄附で一定のもの
	認定特定非営利活動法人の行う特定非営利活動に関連する寄附
ならないもの	町内会の夏祭りに対する寄附金
	商店街のアーケード建設のための寄附金

29

[税額控除]

住宅ローン控除

重要度　　　[★★☆]

進度チェック　☑ ☑ ☑

出題【23年10月・問18】

住宅借入金等特別控除

　居住者が、居住用家屋の新築もしくは居住用家屋（一定の既存住宅を含みます。）の取得またはその者の居住の用に供している家屋の増改築等をして、これらの家屋をその新築の日もしくはその取得の日または増改築等の日から6ヵ月以内に居住の用に供した場合において、その者がその住宅の取得等に係る一定の借入金等の金額を有するときは、その者の所得税額から、住宅借入金等特別控除額が控除されます。

　住宅借入金等特別控除額は、令和7年12月31日までに居住の用に供した場合、その居住の用に供した年以後控除期間の各年（その居住の日以後その年の12月31日まで引き続き居住の用に供している年に限ります。）のうち、その者のその年分の合計所得金額が2,000万円以下（令和3年12月31日以前に居住の用に供した場合は3,000万円以下）である年について、その年分の所得税額から、控除されます。

住宅借入金等特別控除の対象となる借入金

　住宅の取得等に充てるために借り入れた借入金等（その住宅の取得等とともにする家屋の敷地の用に供される土地等の取得資金に充てるために借り入れた借入金を含みます。）のうち、契約において償還期間が10年以上の割賦償還の方法により返済することとされているものが該当します。

■住宅借入金等特別控除の主な適用要件

居住用家屋の新築、居住用家屋（**既存住宅を含みます。**）の取得、またはその者の居住の用に供している家屋の**増改築**等をすること

既存住宅は、一定の耐震基準に適合するものであること

増改築等については、工事費が100万円を超えること

家屋の床面積が50㎡（一定の場合40㎡）以上であること

居住用家屋を、新築の日、取得の日、または増改築等の日から6ヵ月以内に居住の用に供すること

居住用家屋の取得等に係る借入金等の金額を有すること
　（注）土地等に係る借入金は、**住宅の取得等とともにする**家屋の敷地の用に供される土地等の取得資金に充てるために借り入れた借入金に限ります。

借入金等が、契約において**償還期間が10年以上の割賦償還**の方法により返済することとされていること

その年分の**合計所得金額が2,000万円以下**（令和3年12月31日以前に居住の用に供した場合は3,000万円以下）であること

■居住年に応じた借入限度額と控除期間

		借入限度額		控除率	控除期間
	居住年	令和4・5年	令和6・7年		
新築住宅・買取再販	認定住宅等	4,000万円～5,000万円	3,000万円～4,500万円 (注1)	0.7%	13年
	上記以外	3,000万円	0円 (注2)		13年 (注)
既存住宅	認定住宅等	3,000万円			10年
	上記以外	2,000万円			

（注1）子育て特例対象個人が令和6年に居住：借入限度額4,000万円～5,000万円。
（注2）令和5年までに建築確認、令和6年以降居住：借入限度額2,000万円、控除期間10年。

30

[確定申告]

確定申告

確定申告

　確定申告をする必要のある居住者は、毎年1月1日から12月31日までの1年間に生じた所得に対する所得税の額を計算し、**その年の翌年2月16日**（還付申告書は1月1日）**から3月15日まで**の間において、税務署長に対し、確定申告書を提出しなければなりません。

確定申告書を提出すべき者が死亡した場合

　確定申告書を提出すべき者が、その申告書を提出しないで死亡した場合には、**その相続人**は、原則としてその相続があったことを知った日の翌日から**4ヵ月以内**に、税務署長に対し、確定申告書を提出しなければなりません。

確定申告書を提出すべき者が出国をする場合

　確定申告書を提出すべき者が、出国をする場合には、原則としてその**出国のときまで**に、税務署長に対し、確定申告書を提出しなければなりません。

修正申告と更正の請求

　提出した申告書に記載した税額に不足額があるとき、純損失等の金額が過大であるとき、または還付金の額が過大であるとき等は、その申告につき更正があるまでは、**修正申告書**を提出することができます。

　また、申告書に記載した税額が過大であるとき、純損失等の金額が過少であるとき、または還付金の額が過少であるとき等は、その申告書の法定申告期限から5年以内（平成22年分までは1年以内）に限り、税務署長に対し、**更正の請求**をすることができます。

■確定申告をする必要のある者の具体例

給与所得者で、その年中に支払を受ける**給与等の金額が2,000万円を超える者**

１ヵ所の会社から給与等の支払を受ける給与所得者で、**給与所得および退職所得以外の所得金額が20万円を超える者**

２ヵ所以上の会社から給与等の支払を受ける給与所得者で、従たる給与等の金額と給与所得および退職所得以外の所得金額の合計額が20万円を超える者で一定の者

その年中の**公的資金等の収入金額が400万円を超える者**

源泉徴収された所得税額の還付を受けるとき、その年の翌年１月１日以降、還付を受けるための確定申告書を提出することができます。

純損失が生じた場合等において、その年の翌年以後に純損失の繰越控除の規定の適用を受けようとするとき、確定申告書を提出することができます。

住宅借入金等特別控除の適用を受ける者
　ただし、給与所得者については、居住年の翌年以降の年分は年末調整においてその適用を受けることができます。

復興特別所得税

　所得税を納める義務のある個人は、平成25年から令和19年まで、復興特別所得税（基準所得税額×2.1％）を納める義務があります。

31

[青色申告]
青色申告の特典

青色申告

　不動産所得、事業所得または山林所得を生ずべき業務を行う者は、納税地の所轄税務署長の承認を受けた場合には、確定申告書および修正申告書を青色の申告書により提出すること（以下「青色申告」といいます。）ができます。

　青色申告の承認を受けている者は、帳簿書類を備え付けてこれに取引を記録し、かつその帳簿書類を保存しなければなりませんが、所得金額の計算等について有利な取扱いを受けることができます。

(注) 青色申告承認申請書の提出期限は、原則として、青色申告の適用を受けようとする年の3月15日です。

青色申告の特典

　青色申告の主な特典は、次のとおりです。

①　一括評価貸金に係る貸倒引当金や退職給与引当金の繰入額を必要経費に算入できること。

②　青色事業専従者給与は、原則として必要経費に算入できること。

③　小規模事業者の所得金額の計算は、現金主義によることができること。

④　純損失を翌年以降3年間繰越して控除できることや、純損失の金額を前年分の所得金額から控除して税金の還付を受ける純損失の繰戻し還付を受けることができること。

⑤　棚卸資産の評価方法について低価法が認められること。

⑥　所得金額の計算上、青色申告特別控除として最高65万円を控除することが認められること。

⑦　一定の事業用減価償却資産を取得した場合等に、特別償却費を必要経

費に算入できること。

■青色申告の特典に該当するもの・しないものの具体例

	具体例
青色申告の特典に該当するもの	一括評価貸金に係る貸倒引当金の必要経費算入
	退職給与引当金繰入額の必要経費算入
	青色事業専従者給与の必要経費算入
	小規模事業者の現金主義による所得計算
	純損失の繰越控除
	純損失の繰戻還付
	棚卸資産の評価における低価法の選択
	青色申告特別控除
	事業用減価償却資産の特別償却
該当しないもの	事業用固定資産の災害による損失額の必要経費算入
	事業所得や不動産所得等の金額の計算上生じた損失の金額についてのその年分の他の所得の金額との損益通算
	優良賃貸住宅の割増償却

相続税

銀行業務検定試験

税務**3**級
直前整理**70**

32

[相続人]

相続人と相続分

重要度　　　　[★★☆]

進度チェック　☑☑☑

相続人の範囲

　相続人の範囲は、民法で定められており、被相続人の配偶者は常に相続人となり、配偶者以外の血族は、次の順序で相続人になることができます。

① **第1順位　　被相続人の子**

　　被相続人の子がすでに死亡しているときは、その子の子供（被相続人の孫）が相続人となり、その孫も死亡しているときは、その孫の子供（被相続人のひ孫）が相続人になります。これを代襲相続といいます。

② **第2順位（第1順位の相続人がいないとき）**

　　被相続人の直系尊属（父母や祖父母等）

　　父母も祖父母もいるときは、親等の近い父母が優先されます。

③ **第3順位（第1順位と第2順位の相続人がいないとき）**

　　被相続人の兄弟姉妹

　　被相続人の兄弟姉妹がすでに死亡しているときは、その兄弟姉妹の子が相続人になります。

法定相続分

① **相続人が配偶者と子である場合**

　　配偶者1/2、子（全員で）1/2

② **相続人が配偶者と直系尊属である場合**

　　配偶者2/3、直系尊属（全員で）1/3

③ **相続人が配偶者と兄弟姉妹である場合**

　　配偶者3/4、兄弟姉妹（全員で）1/4

なお、法定相続分の計算上は、養子について実子と同じ扱いをしますの

で、子全体の相続分を実子と等しく按分します。

　また、代襲相続人の相続分は、被代襲相続人の相続分を取得します。

　代襲相続人である孫が、被相続人の養子となっている場合は、代襲相続人としての相続分と養子としての相続分を合わせて有することとなります。

法定相続人の数

　相続税を計算する場合における法定相続人の数は、相続の放棄があった場合には、その<u>放棄がなかったものとした場合における相続人の数</u>とします。

　また、被相続人に養子がある場合の法定相続人の数に算入する養子の数は、次に掲げる場合の区分に応じ、それぞれに定める養子の数に限られます。

① その被相続人に実子がいる場合、またはその被相続人に実子がなく養子の数が1人である場合…**1人**

② その被相続人に実子がなく、養子の数が2人以上である場合…**2人**

　　ただし、配偶者の連れ子（実子）で被相続人の養子となった者は、被相続人の実子とみなされます。

■相続人と法定相続分

	配偶者	子	直系尊属	兄弟姉妹	法定相続分
配偶者	有	無	無	無	配偶者1/1
第1順位	有	有	－	－	配偶者1/2、子1/2
（子）	無	有	－	－	子1/1
第2順位	有	無	有	－	配偶者2/3、直系尊属1/3
（直系尊属）	無	無	有	－	直系尊属1/1
第3順位	有	無	無	有	配偶者3/4、兄弟姉妹1/4
（兄弟姉妹）	無	無	無	有	兄弟姉妹1/1

33

[課税価格]
相続税が課税される財産

重要度　　　[★★☆]

進度チェック ☑☑☑

出題【24年3月・問25】

相続税の課税財産

　相続税は、被相続人の財産を相続や遺贈（死因贈与を含みます。）によって取得した場合に、その取得した財産に課税されます。

　この場合の財産とは、金銭に見積もることができる経済的価値のあるすべてのものをいいます。

みなし相続財産

　相続税では、本来の相続や遺贈によって取得した財産ではなくても、実質的に相続や遺贈によって取得した財産と同様であるものについては、相続や遺贈によって財産を取得したものとみなして相続税の課税財産とされるもの（以下「みなし相続財産」といいます。）があり、みなし相続財産には、次のようなものがあります。

① 被相続人の死亡に伴い支払われる保険金で被相続人が負担した保険料に対応する部分

② 被相続人の死亡により支給を受けた被相続人に支給されるべきであった退職手当金等

③ 生命保険契約に関する権利（まだ保険事故が発生していない生命保険契約で、被相続人以外の者が契約者である生命保険契約のうち、被相続人が保険料を負担していた部分）

④ 定期金に関する権利（まだ定期金の給付事由が発生していない定期金給付契約で、被相続人以外の者が契約者である契約のうち、被相続人が掛金等を負担していた部分）

■相続税が課税される財産の具体例

	具体例
相続や遺贈により取得した財産	**被相続人が購入したが、所有権の移転登記をしていない不動産**
	相続開始時点において建築中で、まだ完成していない建物
	被相続人の預貯金等で、家族や第三者の名義にしてあるもの
	被相続人が購入した株式で、名義書換をしていないもの
	障害者等の少額貯蓄利子非課税制度の適用を受ける預金
	仏壇、仏像、仏具等であっても、商品、**骨とう品**または投資の対象として所有するもの
みなし相続財産	被相続人の死亡により相続人が取得した生命保険金等で被相続人が負担した保険料に対応する金額（一定額は非課税）
	被相続人の死亡により相続人が取得した退職手当金等（一定額は非課税）
	生命保険契約に関する権利（**まだ保険事故が発生していない生命保険契約に関する権利で、被相続人が保険料を負担していた部分**）
	被相続人が生存中に受給していた生命保険契約に基づく年金の受給権で、被相続人の死亡後、相続人が取得した年金の受給権のうち、被相続人が負担していた保険料等の額に相当する部分

被相続人から相続時精算課税にかかる贈与により取得した財産

相続や遺贈により財産を取得した者が、相続の開始前3年以内（令和6年1月1日以後の贈与により取得する財産に係る相続税は、7年以内）に被相続人から贈与を受けた財産

34

[課税価格]
相続税の非課税財産

重 要 度 [★★★]

進度チェック ☑☑☑

出題【24年3月・問23、26】

相続税の非課税財産

相続税では、相続や遺贈によって取得した財産でも相続税の課税対象とされない財産があります。この非課税財産には、次のようなものがあります。

① 墓所（墓地、墓石等を含みます。）、霊廟および祭具ならびに日常礼拝の用に供している仏壇、仏像、仏具等

② 条例により、地方公共団体が精神や身体に障害のある者に実施する心身障害者共済制度に基づいて支給される給付金を受ける権利

③ 相続税の申告期限までに国、地方公共団体または公益を目的とする事業を行う法人等に寄附したもの　等

保険金の非課税額

相続人(注) が相続によって取得したとみなされた保険金の合計額のうち、**500万円に法定相続人の数を乗じて算出した金額**（以下「保険金の非課税限度額」といいます。）までの部分は、相続税が非課税とされています。

なお、複数の相続人が保険金を取得した場合において、すべての相続人が取得した保険金の合計額が、保険金の非課税限度額を超えるときは、各相続人の保険金の非課税額は、下記の算式によって計算した金額とされます。

$$\boxed{\begin{array}{c} 500万円×法 \\ 定相続人の数 \end{array}} \times \dfrac{\text{その相続人が取得した保険金}}{\text{すべての相続人が取得した保険金の合計額}} = \boxed{\begin{array}{c} その相続人 \\ の非課税額 \end{array}}$$

(注) 相続人には、**相続を放棄した者**や相続人以外の受遺者を含みません。
したがって、これらの者が受け取る保険金は、非課税の適用がありません。

70

退職手当金等の非課税額

被相続人の死亡により、相続人が被相続人に支給されるべきであった退職手当金等の支給を受けた場合においては、退職手当金等のうち**500万円に法定相続人の数を乗じて算出した金額**（「退職手当金等の非課税限度額」といいます。）までの部分は、相続税が非課税とされています。

なお、適用対象となる相続人や各相続人の非課税額の計算等は、保険金の取扱いと同様です。

■相続税の非課税財産の具体例

	具体例
相続税の非課税財産	墓所、霊廟および祭具等（**墓地**、**墓石**等を含みます。）
	日常礼拝の用に供している仏壇、仏像、仏具等
	心身障害者共済制度に基づいて支給される給付金を受ける権利
	被相続人の死亡により相続人が取得した生命保険金等で被相続人が負担した保険料に対応する金額のうち、500万円に法定相続人の数を乗じて算出した金額までの部分
	被相続人の死亡により相続人が取得した退職手当金等のうち、500万円に法定相続人の数を乗じて算出した金額までの部分
	被相続人の死亡により受ける**弔慰金**等のうち、一定額までの金額（業務上の死亡は普通給与の3年分、業務上の死亡以外は普通給与の半年分）
	労働者災害補償保険法に掲げる遺族補償給付
	厚生年金保険法の規定による遺族年金等
	相続税の申告期限までに国、地方公共団体等に寄附したもの
	相続税の申告期限までに特定公益信託の信託財産とするために支出した金銭

35

［課税価格］
相続開始前3年以内の贈与財産

重要度　　　[★★☆]

進度チェック ☑☑☑

相続開始前3年以内に贈与があった場合

　相続または遺贈により財産を取得した者が、その相続の開始前3年以内（令和6年1月1日以後に贈与により取得する財産に係る相続税については、7年以内。以下同じ。）にその相続に係る被相続人から贈与により財産を取得したことがある場合においては、その贈与により取得した財産の価額（その相続の開始前3年以内に贈与により取得した財産以外の財産については、その財産の価額の合計額から100万円を控除した残額）を、その贈与を受けた者の相続税の課税価格に加算し、納付すべき相続税額を計算します。

　この場合において、相続税の課税価格に加算する贈与財産の価額は、贈与を受けたときの価額によって計算します。

相続税の課税価格に加算されない贈与財産

　相続の開始前3年以内にその相続に係る被相続人から贈与により取得した財産であっても、次に掲げる部分の価額は、相続税の課税価格に加算されません。

①　**贈与税の配偶者控除**（婚姻期間が20年以上の配偶者からの贈与により居住用不動産または居住用不動産を取得するための金銭を取得した場合、贈与税の課税価格から最高2,000万円が控除される特例）の適用を受けた部分

②　贈与税が課税されない財産

　　たとえば、次のような財産は、相続税の課税価格に加算されません。

　㋑　個人から受ける香典、花輪代、年末年始の贈答、祝物または見舞い等のための金品で、社交上の必要によるもので贈与者と受贈者との関

係等に照らして社会通念上相当と認められるもの。

 ㋺ 扶養義務者相互間において、生活費（治療費や養育費を含みます。）または教育費に充てるためにした贈与により取得した財産のうち通常必要と認められるもの。

③ 被相続人から**相続または遺贈により財産を取得しなかった者**が、その相続開始前3年以内にその相続に係る被相続人からの贈与により取得した財産

贈与税額控除

相続開始前3年以内に贈与により取得した財産で、相続税の課税価格に加算されるものにつき課せられた贈与税があるときは、その者につき算出した相続税額から、加算された贈与財産に課せられた贈与税額を控除した金額をもって、納付すべき相続税額とします。

■生前贈与加算のイメージ

相続開始前3年 以内の贈与財産	贈与税の配偶者控除額 （最高2,000万円）	相続税の課税価格 に加算される金額
	贈与税の基礎控除額 （110万円）	
	基礎控除後の課税価格	

（注）相続開始前3年以内であれば贈与税がかかっていたかいなかったかに関係なく加算しますので、基礎控除額110万円以下の贈与財産の価額も加算することになります。

  なお、令和6年1月1日以後の贈与財産に係る相続税については、相続開始前7年以内の贈与財産の価額（相続開始前3年以内の贈与財産以外の財産の価額の合計額から100万円を控除した残額）を加算します。

36

[課税価格]

債務控除の対象となる債務

重 要 度　　［★★☆］

進度チェック　☑☑☑

出題【23年10月・問26】

債務控除

　相続または遺贈により財産を取得した者が、その相続または遺贈に係る相続税の課税価格の計算をする場合においては、その財産の価額から次に掲げるものの金額のうちその者の負担する部分の金額を控除します。

　①　被相続人の債務で相続開始の際、現に存するもの（公租公課を含みます。）

　②　被相続人に係る葬式費用

　ただし、墓所（墓地、墓石等を含みます。）、霊廟および祭具ならびに日常礼拝の用に供している仏壇、仏像、仏具等を取得等するために生じた債務の金額は、債務控除の対象となりません。

■債務控除の対象となるもの・ならないものの具体例

	具体例
対象となるもの	相続開始の際、現に存する債務（借入金、未払い医療費等）
	被相続人の死亡の際、債務の確定している公租公課 （被相続人の納税義務が確定している**固定資産税**で、相続開始後に納期限の到来するもの等）
	被相続人にかかる相続開始年分の**所得税**
	保証債務のうち、主たる債務者が弁済不能の状態にあるため、保証債務を履行しなければならない場合で、かつ、主たる債務者から返還を受ける見込みがない場合には、主たる債務者が弁済不能の部分の金額

対象とならないもの	墓地等の取得、維持または管理のために生じた債務
	保証債務（原則として控除されません。）
	相続の開始のときにおいて、すでに消滅時効の完成した債務
	遺産分割に際して弁護士に支払った報酬
	相続税の申告に際して税理士に支払った報酬
	相続により取得した不動産の所有権移転登記費用や**登録免許税**

■葬式費用に該当するもの・しないものの具体例

	具体例
該当するもの	本葬式、**通夜**、埋葬、**火葬**、納骨等に要した費用
	葬式に際し、施与した金品で、相当程度と認められるもの（葬式に際し、寺院に支払ったお布施等）
	葬式の前後に生じた出費で通常葬式に伴うものと認められるもの（葬儀に際し、参列者の接待に要した費用等）
	死体の捜索または死体もしくは遺骨の運搬に要した費用
該当しないもの	**香典返戻費用**
	墓碑および墓地の購入費ならびに墓地の借入料
	法会に要する費用（**一周忌の法要に要した費用**等）
	医学上または裁判上の特別の処置に要した費用（医療事故の調査、遺体の解剖費用、訴訟費用等）

37

[税額計算]
相続税額の計算

重要度 [★★★]

進度チェック ☑ ☑ ☑

出題【24年3月・問22、28、29】

遺産に係る基礎控除

相続税の総額を計算する場合、同一の被相続人から相続または遺贈により財産を取得したすべての者の相続税の課税価格の合計額から、次の算式により計算される「遺産に係る基礎控除額」を控除します。

> **遺産に係る基礎控除額 ＝ 3,000万円＋600万円×法定相続人の数**

（注）平成26年12月31日以前の相続等に係る基礎控除額は、「5,000万円＋1,000万円×法定相続人の数」により計算されます。

相続税の総額

同一の被相続人から相続または遺贈により財産を取得したすべての者の相続税の課税価格の合計額から、その遺産に係る基礎控除額を控除し、課税遺産の総額を計算します。

この課税遺産の総額を、その被相続人の法定相続人の数に応じた各法定相続人が法定相続分に応じて取得したものとした場合における各取得金額を計算します。この各法定相続人の取得金額それぞれの金額に税率を乗じて計算した金額を合計して相続税の総額を計算します。

各相続人等の相続税額

相続または遺贈により財産を取得した者に係る相続税額は、その被相続人から相続または遺贈により財産を取得したすべての者に係る相続税の総額に、それぞれ相続または遺贈により財産を取得した者に係る相続税の課税価格がその財産を取得したすべての者に係る課税価格の合計額のうちに占める割合を乗じて算出します。

■相続税の計算の概要

1 相続または遺贈により財産を取得した者ごとの課税価格の計算

相続または遺贈により取得した財産の価額（みなし相続財産を含む）	−	債務および葬式費用の額	+	相続開始前3年以内[注]の贈与財産	+	相続時精算課税に係る贈与財産

= 各相続人等の課税価格

（注）令和6年1月1日以後の贈与により取得する財産に係る相続税は、7年以内

2 課税価格の合計額の計算

各相続人等の課税価格	+	各相続人等の課税価格	+	各相続人等の課税価格	=	課税価格の合計額

3 課税遺産の総額の計算

課税価格の合計額	−	遺産に係る基礎控除額 3,000万円＋600万円×法定相続人の数	=	課税遺産の総額

4 相続税の総額の計算

課税遺産の総額	×	各法定相続人の法定相続分	=	法定相続分に応ずる各取得金額	⇒×	税率	=	算出税額	相続税の総額
	×	各法定相続人の法定相続分	=	法定相続分に応ずる各取得金額	⇒×	税率	=	算出税額	
	×	各法定相続人の法定相続分	=	法定相続分に応ずる各取得金額	⇒×	税率	=	算出税額	

5 各相続人等の相続税額の算出

相続税の総額 × （各相続人等の課税価格 ÷ 課税価格の合計額） = 各相続人等の相続税額

38

[税額計算]
相続税額の加算と税額控除

重 要 度　　　[★★★]

進度チェック　☑ ☑ ☑

出題【24年 3 月・問24】

相続税額の加算

　相続または遺贈により財産を取得した者が、その相続または遺贈に係る<u>被相続人の**一親等の血族および配偶者以外の者**である場合</u>においては、その者の相続税額は、<u>その者につき算出した相続税額にその100分の20に相当する金額を加算しなければなりません。</u>

　なお、一親等の血族には、その被相続人の子が相続開始以前に死亡したため、代襲して相続人になった孫等を含みます。したがって、代襲相続人である孫等は、相続税額の 2 割加算の対象から除かれます。

(注) 養子は、被相続人の一親等の法定血族であるので、相続税額の 2 割加算の規定は適用されません。

　　しかし、相続税の計算上、一親等の血族には、被相続人の直系卑属がその被相続人の養子となっている場合を含まないものとされています。したがって、<u>孫養子等は相続税額の 2 割加算の対象になります。</u>

　　ただし、その被相続人の直系卑属が相続開始以前に死亡したため、その養子が代襲して相続人となっている場合は、相続税額の 2 割加算の対象から除かれます。

税額控除

　相続税の税額控除には、次のものがあり、相続または遺贈により財産を取得した者の相続税額（相続税額の 2 割加算後の金額）から、次の順序により控除します。

① **贈与税額控除**

② 配偶者に対する相続税額の軽減

③ **未成年者控除**

④ **障害者控除**

⑤ 相次相続控除

⑥ **外国税額控除**

未成年者控除

相続または遺贈により財産を取得した者（制限納税義務者を除きます。）が、その相続または遺贈に係る被相続人の法定相続人に該当し、かつ、18歳未満（令和4年3月31日以前は20歳未満。以下同じ。）の者である場合においては、その者の納付すべき相続税額は、その者につき算出した相続税額から次の算式により計算した控除額を控除した金額とします。

なお、その未成年者の相続税額から引ききれない控除不足額は、その者の扶養義務者の相続税額から控除されます。

10万円×（18歳－相続開始時の年齢）＝未成年者控除額

（注）（18歳－相続開始時の年齢）に1年未満の端数があるときは、これを1年とします。

障害者控除

相続または遺贈により財産を取得した者（居住無制限納税義務者に限ります。）が、その相続または遺贈に係る被相続人の法定相続人に該当し、かつ、障害者である場合には、その者の納付すべき相続税額は、その者につき算出した相続税額から次の算式により計算した控除額を控除した金額とします。

10万円（特別障害者である場合20万円）×（85歳－相続開始時の年齢）

（注）（85歳－相続開始時の年齢）に1年未満の端数があるときは、これを1年とします。

配偶者に対する相続税額の軽減

重 要 度　　　[★★★]
進度チェック ☑☑☑

出題【24年3月・問30、31】

配偶者に対する相続税額の軽減

被相続人の配偶者がその被相続人からの相続や遺贈により財産を取得した場合には、その配偶者の納付すべき相続税額については、その配偶者につき算出した相続税額から、一定の軽減額が控除されます。

適用要件

① 被相続人の配偶者がその被相続人からの**相続または遺贈により財産を取得**していること。

（原則として、**遺産分割により配偶者の取得する財産が確定**していることが必要となります。）

② 配偶者は、**婚姻の届出をした者に限ります**。したがって、婚姻の届出をしていないいわゆる内縁関係にある者は、この配偶者には該当しません。

（なお、同一生計であることや婚姻期間の長短は要件とされていません。）

③ 配偶者が相続を**放棄**した場合であってもその配偶者が**遺贈により取得した財産がある**ときは、配偶者に対する相続税額の軽減の規定は、適用を受けることができます。

④ 相続または遺贈により財産を取得した者が、相続税の課税価格の計算の基礎となるべき事実の全部または一部を隠ぺいし、または仮装していた場合において、その相続税についての調査があったことにより、更正または決定があることを予知して期限後申告書または修正申告書を提出するときは、**隠ぺい仮装行為による金額**を相続税の課税価格から控除して計算します。

⑤　配偶者に対する相続税額の軽減の規定は、<u>申告書にこの規定の適用を受ける旨</u>および金額の計算に関する明細<u>の記載をし</u>、かつ、一定の書類を添付して<u>申告書を提出した場合</u>に限り、適用されます。

軽減額の計算

配偶者に対する相続税額の軽減額は、以下の算式で算出されます。

$$\text{相続税の総額} \times \frac{\text{次のイまたはロの金額のうち\textbf{いずれか少ない金額}}}{\text{課税価格の合計額}}$$

イ　**課税価格の合計額に配偶者の法定相続分を乗じて得た金額**

（その金額が 1 億6,000万円に満たない場合には、 1 億6,000万円）

ロ　**配偶者の相続税の課税価格**

相続税の申告

相続または遺贈により財産を取得した者は、**その相続の開始があったことを知った日の翌日から10ヵ月以内**に、相続税の申告書を納税地の所轄税務署長に提出しなければなりません。

ただし、申告書を提出すべき者が、申告期限までに出国するときは、<u>出国の日までに</u>申告書を提出しなければなりません。

また、申告書を提出すべき者が、その申告書の提出期限前にその申告書を提出しないで死亡した場合には、その者の相続人等は、<u>その相続の開始があったことを知った日の翌日から10ヵ月以内</u>に、その死亡した者の申告書を提出しなければなりません。

申告書の提出先

被相続人が死亡時の住所を国内に有していた場合には、その被相続人から相続または遺贈によって財産を取得した者が提出しなければならない相続税の申告書の提出先は、**その被相続人の死亡のときにおける住所地の所轄税務署長**となります。

なお、同一の被相続人に係る<u>相続税の申告書を提出すべき者または提出することができる者が2人以上いる場合には</u>、これらの者は、**その申告書を共同して提出する**ことができます。

■相続税の申告書の提出期限

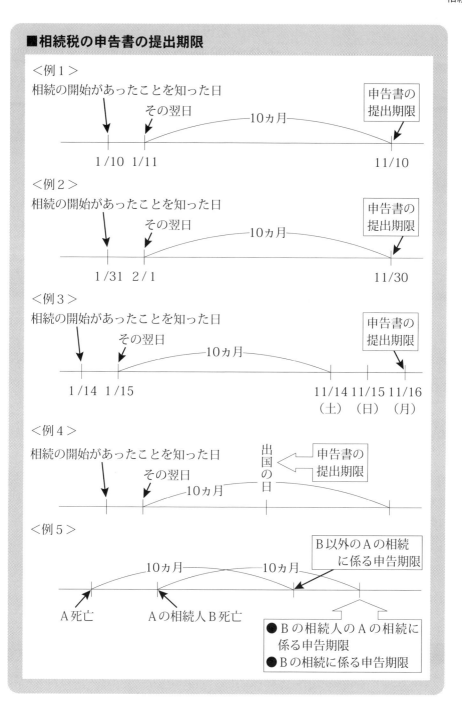

<例1>

相続の開始があったことを知った日　　　　　　　　　　　　　申告書の
　　　　　　　　　　その翌日　　　　　　　　　　　　　　　　提出期限
　　　　　　　　　　　　　　　　　10ヵ月
　　　　　　　　1/10　1/11　　　　　　　　　　　　　　　　　11/10

<例2>

相続の開始があったことを知った日　　　　　　　　　　　　　申告書の
　　　　　　　　　　その翌日　　　　　　　　　　　　　　　　提出期限
　　　　　　　　　　　　　　　　　10ヵ月
　　　　　　　　1/31　2/1　　　　　　　　　　　　　　　　　11/30

<例3>

相続の開始があったことを知った日　　　　　　　　　　　　　申告書の
　　　　　　　　　　その翌日　　　　　　　　　　　　　　　　提出期限
　　　　　　　　　　　　　　10ヵ月
　　　　1/14　1/15　　　　　　　　　　　　　11/14　11/15　11/16
　　　　　　　　　　　　　　　　　　　　　　（土）　（日）　（月）

<例4>

相続の開始があったことを知った日　　　　出国　　申告書の
　　　　　　　　　　その翌日　　　　　　の　　　提出期限
　　　　　　　　　　　　　　10ヵ月　　　日

<例5>

　　　　　　　　　　　　　　　　　　B以外のAの相続
　　　　　　10ヵ月　　　　　10ヵ月　　に係る申告期限

　　A死亡　　　Aの相続人B死亡

　　　　　　　　　　　　　　●Bの相続人のAの相続に
　　　　　　　　　　　　　　　係る申告期限
　　　　　　　　　　　　　　●Bの相続に係る申告期限

[申告・納付]
未分割遺産の申告と期限後申告等

重要度　　　[★★★]

進度チェック ☑☑☑

出題【24年3月・問31】

未分割遺産の申告

　相続税の申告書の提出期限までに、相続または包括遺贈により取得した財産の全部または一部が、相続人等によってまだ分割されていないときは、その分割されていない財産は、<u>各相続人等が**民法の規定による相続分等に従って財産を取得したものとして課税価格を計算**し、相続税の申告書の提出期限までに申告をする</u>こととされています。

　ただし、その後においてその財産の分割があり、その相続人等がその分割により取得した財産の課税価格が、民法の規定による相続分等に従って計算された課税価格と異なることとなった場合には、修正申告書を提出し、または更正の請求等をすることになります。

未分割遺産に対する課税

　相続税の申告書の提出期限までに、遺産の全部または一部が未分割であったため、各相続人等が民法の規定による相続分等に従って財産を取得したものとして課税価格を計算し、相続税額の計算をする場合、分割されていない財産は次の特例等を適用することができません。

① **小規模宅地等についての相続税の課税価格の計算の特例**
② 非上場株式等についての相続税の納税猶予
③ **配偶者に対する相続税額の軽減**
④ 農地等についての相続税の納税猶予

期限後申告

相続税の申告書を提出すべき者で申告書の提出期限内にその申告書（期限

内申告書）を提出しなかった者は、申告書の提出期限後であっても、税額等の<u>決定があるまで</u>は、申告書（期限後申告書）を提出することができます。

修正申告

　相続税の申告書を提出した者は、その申告に係る税額等に不足額があることが判明した場合、その申告について<u>更正があるまで</u>は、税額等を修正する申告書（修正申告書）を提出することができます。

加算税

　期限後申告書や修正申告書の提出をした場合には、正当な理由があると認められる場合を除き、その納税者に対し、**加算税**<u>が課されます</u>。

更正の請求

　相続税の申告書を提出した者は、その申告に係る税額等が過大であることが判明した場合、その申告書の法定申告期限から５年以内（法定申告期限が平成23年12月１日以前の申告は、１年以内）に限り、更正の請求をすることができます。

　ただし、次のいずれかの事由により相続税の課税価格および相続税額が過大となったときは、その事由が生じたことを知った日から４ヵ月以内（法定申告期限から３年以内に限ります。）に限り、更正の請求をすることができます。

①　未分割遺産の分割が行われたこと
②　認知、相続人の廃除またはその取消しに関する裁判の確定等により、相続人に異動を生じたこと
③　遺留分の減殺の請求に基づき返還または弁償すべき額が確定したこと
④　遺贈に係る遺言書が発見され、または遺贈の放棄があったこと

相続税の納付

重 要 度　　[★★★]

進度チェック　☑☑☑

相続税の納付

　相続税の期限内申告書または一定の修正申告書を提出した者は、これらの申告書の提出期限までに、これらの申告書に記載した相続税額を国に納付しなければなりません。

連帯納付の義務

　同一の被相続人から相続または遺贈により財産を取得したすべての者は、その相続または遺贈に係る相続税について、その相続または遺贈により受けた利益の金額を限度として、互いに**連帯納付の義務**を負います。

延納

① **延納制度の概要**

　相続税は、原則として、金銭で一時に納付しなければなりませんが、納付すべき相続税額が10万円を超え、かつ、納期限等までに金銭で納付することを困難とする事由がある場合には、その納付を困難とする金額を限度として、通常5年以内の年賦延納の許可を申請することができます。なお、この延納税額には**利子税**が課されます。

② **延納の要件**

　次に掲げるすべての要件を満たす場合に、延納が許可されます。

イ　**納付すべき相続税額が10万円を超えること**

ロ　**納期限等までに金銭で納付することを困難とする事由があること**

ハ　延納税額に相当する**担保を提供すること**

　（延納税額が100万円以下で、かつ、その延納期間が3年以下で

ある場合は、担保を提供する必要はありません。また、提供する担保は、**その相続により取得した財産に限定されていません**。）

ニ　延納しようとする相続税の納期限等までに、担保提供関係書類を添えて**延納申請書を税務署長に提出すること**

物納

①　物納制度の概要

相続税は、原則として、金銭で一時に納付しなければなりませんが、相続税を**延納によっても金銭で納付することを困難とする事由がある場合**には、その納付を困難とする金額を限度として、一定の相続財産による物納の許可を申請することが認められています。

②　物納できる財産

物納に充てることができる財産および順位は、**相続税の課税価格の計算の基礎となった財産で日本国内にあるもの**のうち、次に掲げるものです。

■物納できる財産および順位

順位	物納に充てることができる財産
第1順位	**国債**、地方債、**不動産**、船舶、上場株式等
第2順位	社債、株式、証券投資信託または貸付信託の受益証券 （金融商品取引所に上場されているもの等を除きます。）
第3順位	動産

ただし、担保権が設定されているものや二以上の者の共有に属するもので一定のもの等は、物納に充てることができません。

③　物納財産の収納価額

物納財産の収納価額は、課税価格計算の基礎となったその財産の価額（**相続税評価額**）によります。

[財産評価]

宅地の評価

宅地の評価の方式

　宅地の評価は、原則として、次に掲げる区分に従い、それぞれ次に掲げる方式によって行います。

　①　市街地的形態を形成する地域にある宅地…路線価方式

　②　①以外の宅地…倍率方式（固定資産税評価額×倍率）

画地補正の種類	評価額の求め方
奥行価格補正 （一方のみが路線に接する宅地）	路線価×奥行価格補正率×地積 ※　奥行価格補正率は、正面路線に対し垂直な奥行距離を奥行価格補正率表にあてはめて求めます。
側方路線影響加算 （正面と側方に路線がある宅地）	**（正面路線価×奥行価格補正率＋側方路線価 　×奥行価格補正率×側方路線影響加算率） 　×地積** ※　2つの路線のうち、路線価×奥行価格補正率が高いほうの路線を正面路線とします。
二方路線影響加算 （正面と裏面に路線がある宅地）	**（正面路線価×奥行価格補正率＋裏面路線価 　×奥行価格補正率×二方路線影響加算率） 　×地積** ※　2つの路線のうち、路線価×奥行価格補正率が高いほうの路線を正面路線とします。

（注）令和6年1月1日以後の相続等により取得した「居住用の区分所有財産」（分譲マンション）に係る敷地利用権の価額（自用の場合）は、敷地全体の価額×敷地権の割合×区分所有補正率により評価します。

■路線価方式（側方路線影響加算の計算例）

Q 下図の宅地（更地）の相続税評価額はどうなるでしょうか？

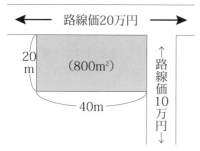

奥行価格補正率
　　20m以上24m以下　1.00
　　40m以上44m以下　0.92
側方路線影響加算率
　　角地　0.05　　準角地　0.02

A 20万円×1.00＞10万円×0.92→正面路線価は20万円
　角地とは正面と側方が路線に面している土地で、準角地とは正面と側方が一系統の路線に面している宅地をいい、事例は角地に該当します。
　（20万円×1.00＋10万円×0.92×0.05）×800m²＝16,368万円

■路線価方式（二方路線影響加算の計算例）

Q 下図の宅地（更地）の相続税評価額はどうなるでしょうか？

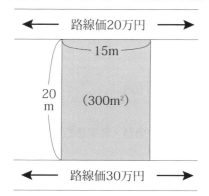

奥行価格補正率　1.00
二方路線影響加算率　0.03

A 30万円×1.00＞20万円×1.00→正面路線価は30万円
　（30万円×1.00＋20万円×1.00×0.03）×300m²＝9,180万円

家屋の評価

　家屋の評価は、次に掲げる家屋の使用状況に応じ、それぞれ次に掲げる算式により評価します。

■家屋の使用状況に応じた評価額の求め方

家屋の使用状況	評価額の求め方
自用の家屋	その家屋の固定資産税評価額×倍率（1.0）
建築中の家屋	その家屋の費用現価×70/100
家屋と構造上一体となっている附帯設備（エレベーター等）	その家屋の価額に含めて評価します。
庭園設備（庭木、庭石等）	その庭園設備の調達価額（課税時期においてその財産をその財産の現況により取得する場合の価額をいいます。）×70/100
貸家	**その家屋の価額** **－その家屋の価額×借家権割合×賃貸割合** →固定資産税評価額 　　　　　×（1－借家権割合×賃貸割合）
居住建物の所有権	その家屋の価額－配偶者居住権の価額

（注）令和6年1月1日以後の相続等により取得した「居住用の区分所有財産」（分譲マンション）に係る区分所有権の価額（自用の場合）は、家屋の固定資産税評価額×1.0×区分所有補正率により評価します。

貸家建付地等の評価

貸家建付地等の評価は、次に掲げるとおりです。

■貸家建付地等の評価

土地の種類	評価額の求め方
借地権	自用地としての価額×借地権割合
貸宅地（借地権の目的となっている宅地）	自用地としての価額－その借地権の価額 →自用地としての価額×（1－借地権割合）
貸家建付地 （貸家の敷地）	**自用地としての価額－自用地としての価額** **×借地権割合×借家権割合×賃貸割合** →自用地としての価額 　×（1－借地権割合×借家権割合×賃貸割合）
居住建物の敷地	自用地としての価額－敷地の利用に関する権利の価額

■貸家建付地の評価額の計算例

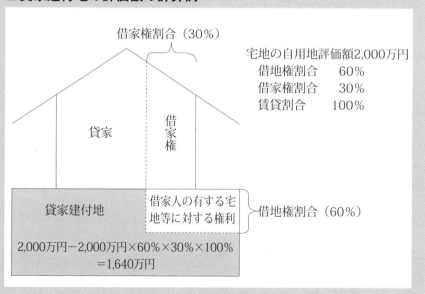

借家権割合（30％）

宅地の自用地評価額2,000万円
借地権割合　60％
借家権割合　30％
賃貸割合　100％

貸家

借家権

貸家建付地

借家人の有する宅地等に対する権利

借地権割合（60％）

2,000万円－2,000万円×60％×30％×100％
＝1,640万円

小規模宅地等の課税価格の計算の特例

重要度　　　[★★☆]

進度チェック　☑☑☑

出題【23年10月・問27】

小規模宅地等についての相続税の課税価格の計算の特例

　相続または遺贈により取得した財産のうちに、その相続開始の直前において、被相続人等の事業の用または居住の用に供されていた宅地等がある場合には、これらの宅地等のうちこの特例の適用を受けることを選択したもので限度面積までの部分（以下「小規模宅地等」といいます。）に限り、相続税の課税価格に算入すべき価額は、その小規模宅地等の価額に、次に掲げる小規模宅地等の区分に応じ、それぞれに定める割合を乗じて計算した金額を減額した金額とします。

　なお、平成27年1月1日以後の相続等については、特定居住用宅地等と特定事業用宅地等のそれぞれの限度面積（居住用：330㎡(注)、事業用：400㎡）まで、完全併用が可能となります（貸付事業用宅地等を除きます。）。

区分	限度面積	減額割合
特定事業用宅地等	400㎡	80%
特定同族会社事業用宅地等	400㎡	80%
特定居住用宅地等	330㎡(注)	80%
貸付事業用宅地等	200㎡	50%

（注）平成26年12月31日以前の相続等については、240㎡

Q　被相続人が居住の用に供していた宅地（地積400㎡、相続税評価額6,000万円）を配偶者が相続した場合に、特例による減額後の評価額は？

A　減額金額　6,000万円×330㎡/400㎡×80%＝3,960万円

　　評価額　6,000万円－3,960万円＝2,040万円

（参考）小規模宅地等の区分

区分	利用状況
① 特定事業用宅地等	<u>被相続人の事業（不動産貸付業等を除きます。以下①および②において同じ）の用に供されていた宅地等^(注)で、その宅地等を相続等により取得した親族が、相続税の申告期限までにその事業を引き継ぎ、申告期限までその宅地等を有し、かつ、その事業を営んでいるもの</u> 被相続人の生計一親族の事業の用に供されていた宅地等^(注)で、その宅地等を相続等により取得した親族が、申告期限までその宅地等を有し、かつ、相続開始前から申告期限まで引続きその宅地等を自己の事業の用に供しているもの （注）相続開始前3年以内に事業の用に供された宅地等を除きます（一定の場合を除きます。）。
② 特定同族会社事業用宅地等	相続開始直前から相続税の申告期限まで、被相続人およびその親族等が発行済株式総数の50％超を有する法人の事業の用に供されている宅地等で、その宅地等を相続等により取得した親族が、相続税の申告期限においてその法人の役員であり、かつ、相続税の申告期限まで引続き保有しているもの
③ 特定居住用宅地等	<u>被相続人の居住の用に供されていた宅地等で、その被相続人の**配偶者**または次のいずれかを満たす親族が相続等により取得したもの</u> イ　被相続人と同居していた親族で、相続開始時から申告期限まで引続きその宅地等を有し、かつ、居住している者 ロ　配偶者およびイの者がいない場合で、被相続人の親族で相続開始前3年以内に国内に自己又は3親等内の親族などが所有する国内にある家屋に居住したことがない者で、申告期限までその宅地等を有している者　等
④ 貸付事業用宅地等	被相続人の不動産貸付事業の用に供されていた宅地等^(注)で、その宅地等を相続等により取得した親族が、相続税の申告期限までにその貸付事業を引き継ぎ、申告期限まで引続き有し、かつ、貸付事業の用に供している宅地　等 （注）相続開始前3年以内に貸付事業の用に供された宅地等を除きます（一定の者を除きます。）。

株式の評価額

重　要　度　　　［★★★］

進度チェック　☑☑☑

上場株式の評価

　上場株式の評価額は、その株式が上場されている金融商品取引所の公表する次に掲げる価額のうち、**最も低い価額**によって評価します。

　①　**課税時期の最終価格**

　②　**課税時期の属する月**の毎日の最終価格の**平均額**

　③　課税時期の属する月の**前月**の毎日の最終価格の**平均額**

　④　課税時期の属する月の**前々月**の毎日の最終価格の**平均額**

（注）負担付贈与または個人間の対価を伴う取引（低額譲渡等）により取得した上場株式の価額は、その株式が上場されている金融商品取引所の公表する課税時期の最終価格によって評価します。

取引相場のない株式の評価

　取引相場のない株式の価額は、評価しようとする株式の発行会社（以下「評価会社」といいます。）を、業種、総資産額、従業員数および取引金額により大会社、中会社または小会社に区分し、いずれに該当するかに応じて、それぞれ次によって評価します。

　①　大会社の株式の価額は、**「類似業種比準価額」**によって評価します。

　　　ただし、「１株当たりの純資産価額（相続税評価額によって計算した金額。以下同じ。）」によって評価することもできます。

　②　中会社の株式の価額は、**「類似業種比準価額」**と**「１株当たりの純資産価額」**を**併用して計算した金額**によって評価します。

　　　ただし、「１株当たりの純資産価額」によって評価することもできます。

③　小会社の株式の価額は、**「1株当たりの純資産価額」**によって評価します。

ただし、「類似業種比準価額」と「1株当たりの純資産価額」を併用して計算した金額によって評価することもできます。

ただし、<u>同族株主以外の株主等が取得した株式の価額は、**配当還元方式**によって評価します。</u>配当還元方式は、その株式の一年間の配当金額を10％で還元し、その株式の価額（配当還元価額）を評価する方法です。

また、開業後3年未満の会社等の特定の評価会社の株式の価額は、**「1株当たりの純資産価額」**によって評価します。

非上場株式等に係る贈与税・相続税（事業承継税制）

特例後継者が、特例認定承継会社の代表権を有していた者から、平成30年1月1日から令和9年12月31日までの間に、贈与または相続もしくは遺贈によりその特例認定承継会社の非上場株式を取得した場合には、その取得したすべての非上場株式に係る課税価格に対応する贈与税または相続税の全額について、その特例後継者の死亡の日等までその納税が猶予されます。

■取引相場のない株式の評価額

取得者と区分		評価額（原則）
取得者が同族株主	大会社	類似業種比準価額
	中会社	類似業種比準価額と1株当たりの純資産価額を併用
	小会社	1株当たりの純資産価額
取得者が同族株主以外		配当還元価額
開業後3年未満の会社		1株当たりの純資産価額

[贈与税]

贈与税の課税対象

重　要　度　　　[★★★]

進度チェック　☑☑☑

出題【23年10月・問35】

贈与税

贈与税は、個人から贈与により財産を取得したときに課せられます。

■贈与税の課税対象となるものの具体例

具体例
事業資金として親族から贈与を受けた金銭
親族から受けた事業資金で返済を要しないもの
親族から贈与を受けた株式
無償により自己の名義に変更した不動産の共有持分
自己が保険料を負担していない生命保険契約につき受け取った満期保険金
定期金給付事由が発生した定期金給付契約で受取人以外が掛金等を負担したもの 例）定期贈与契約により、知人から一定年数にわたり毎年定期的に受ける金銭
著しく低い価額の対価で財産の譲渡を受けた場合における、その対価とその財産の時価との差額 例）親族から通常の取引価額の半額以下で購入した不動産
資力を喪失していない債務者が、債務の免除、引受けなどを受けたことによる利益
負担付贈与に係る贈与財産で、負担がないものとした場合におけるその贈与財産の価額からその負担額を控除した価額

■贈与税の課税対象とならないものの具体例

具体例
死因贈与（贈与者の死亡により効力が生じる贈与）により取得した財産 例）死因贈与契約により、死亡した親族から贈与された財産
相続開始の年において、その相続に係る被相続人から贈与により取得した財産の価額で、相続税の課税価格に加算されるもの
債務者が資力を喪失して債務を弁済することが困難である場合に、その債務の全部または一部の免除を受けたとき
法人からの贈与により取得した財産 例）**親族が経営する会社から低額で譲り受けた車両**
扶養義務者相互間において生活費（治療費、養育費等を含みます。）または教育費に充てるための贈与により取得した資産のうち通常必要と認められるもの 例）生計を一にする親族から受けた大学入学資金
公職選挙法の適用を受ける選挙の候補者が、選挙運動に関し取得した金品で、公職選挙法の規定により報告がなされたもの
一定の特定公益信託で財務大臣の指定するものや、奨学金の支給を目的とする特定公益信託から交付される金品 例）**一定の特定公益信託から受けた金品**
離婚による財産の分与によって取得した財産で適当である部分
負担付贈与において、負担がないものとした場合における贈与財産の価額から控除される負担額 例）住宅ローン債務を引き受ける条件で贈与を受けた居住用不動産のうち、その住宅ローン債務に相当する価額
個人から受ける香典、花輪代、年末年始の贈答、祝物または見舞い等の金品で、社交上の必要によるもので社会通念上相当と認められるもの 例）**結婚に際して受けた祝金、入学祝金や入院により受けた見舞金**で相当額

贈与税の配偶者控除

贈与税の配偶者控除

　婚姻期間が**20年以上**である配偶者から**居住用不動産**または**居住用不動産を取得するための金銭**を贈与により取得した者が、次の①または②に該当する場合においては、その贈与を受けた年分の贈与税については、課税価格から**2,000万円**（贈与により取得した居住用不動産の価額と居住用不動産の取得に充てた金銭の合計額が2,000万円に満たない場合には、**その合計額**とします。）を控除します。

　①　贈与により居住用不動産を取得した者が、その取得の日の属する年の翌年3月15日までにその居住用不動産をその者の居住の用に供し、かつ、その後引続き居住の用に供する見込みである場合

　②　贈与により金銭を取得した者が、その取得の日の属する年の翌年3月15日までにその金銭をもって居住用不動産を取得して、これをその者の居住の用に供し、かつ、その後引続き居住の用に供する見込みである場合

　なお、贈与税の配偶者控除は、**過去に同一の配偶者からの贈与につきこの規定の適用を受けている者は、適用を受けることができません**。

相続開始前3年以内に贈与があった場合

　贈与により取得した居住用不動産等が、相続の開始前3年以内（令和6年1月1日以後の贈与により取得する財産に係る相続税は、7年以内）にその相続に係る被相続人から贈与により取得した財産であっても、贈与税の配偶者控除により控除された部分または控除されることとなる部分の価額は、相続税の課税価格に加算されません。

■贈与税の配偶者控除の適用要件等

① **婚姻期間が20年以上**である配偶者からの贈与であること

② 過去に同一の配偶者からの贈与につき、贈与税の配偶者控除の適用を受けていないこと

③ 贈与財産は、**居住用不動産**または**居住用不動産を取得するための金銭**であること
（居住用不動産の**持分の贈与**にも適用されます。）

④ 贈与を受けた年の翌年３月15日までに、その居住用不動産をその者の居住の用に供し、かつ、その後引続き居住の用に供する見込みである場合

⑤ 贈与税の課税価格から2,000万円を控除します。
ただし、贈与により取得した居住用不動産の価額と居住用不動産の取得に充てた金銭の合計額が2,000万円に満たない場合には、その合計額を控除します。

⑥ **贈与税の申告書**に、所定の事項の記載があり、かつ、一定の書類の添付がある場合に限り、適用されます。

（注１）**要件に所得の制限はありません**。
（注２）贈与により取得した居住用不動産の価額が2,000万円を超える場合には、**2,000万円**が控除されます。
（注３）居住用不動産は、もっぱら居住の用に供する土地もしくは土地の上に存する権利もしくは家屋で国内にあるものをいい、土地のみの贈与についても適用されます。
（注４）贈与者が贈与の年に死亡した場合でも、贈与税の配偶者控除の適用を受けることができます。

贈与税の配偶者控除の適用による贈与税額の計算

贈与税の配偶者控除の適用を受けた場合、課税価格から、基礎控除110万円に先立って、最高2,000万円を控除し、贈与税額を計算します。

49

[贈与税]
課税価格と贈与税額の計算

重要度　　[★★☆]

進度チェック ☑ ☑ ☑

贈与税額の計算

　個人が贈与により財産を取得した場合には、その年の1月1日から12月31日までの間に取得した財産の価額の合計額をもって、贈与税の課税価格とします。

　贈与税の額は、**課税価格から贈与税の基礎控除110万円を控除し、基礎控除後の課税価格に税率表に掲げる税率を乗じて計算した金額**とします。

　なお、直系尊属から、その年の1月1日において18歳以上（令和4年3月31日以前の贈与は20歳以上）の者への贈与については、特例税率（特例贈与財産用）を適用します。

生命保険金の贈与税の課税対象額

　被相続人の死亡により生命保険金の支払いを受けた場合において、その生命保険契約の保険料の全部または一部が、被相続人と保険金受取人以外の者によって負担されていたときは、**被相続人と保険金受取人以外の者が負担した保険料に対応する部分の保険金**は、保険金受取人が贈与により取得したものとみなされます。

低額譲渡財産の贈与税の課税価格

　著しく低い価額の対価で財産の譲渡を受けた場合には、その財産の譲渡があったときにおいて、その譲渡を受けた者が、その財産の時価とその対価との差額を、その財産を譲渡した者から贈与により取得したものとみなされます。

　なお、時価とは、譲渡を受けた財産が土地等・家屋等の場合には、その取得時における**通常の取引価額**に相当する金額をいい、それら以外の財産であ

る場合には相続税評価額をいいます。

負担付贈与財産の贈与税の課税価格

　負担付贈与とは、財産の贈与を受けた者に一定の債務を負担させることを条件に行う財産の贈与をいいます。負担付贈与に係る贈与財産の価額は、負担がないものとした場合におけるその贈与財産の価額から、その負担額を控除した価額によるものとします。

　なお、負担付贈与により取得した財産が、土地等・家屋等であるときは、贈与財産の価額は、その取得時における通常の取引価額に相当する金額によって評価します。

■生命保険金の課税関係

　被相続人の死亡により取得した生命保険金について、保険料負担者と保険金受取人がそれぞれに掲げる者である場合の課税関係は、下記のとおりです。

保険料負担者	保険金受取人	課税関係
相続人	相続人	所得税（一時所得）の課税対象
被相続人	相続人	相続税の課税対象
被相続人と保険金受取人である相続人以外	**相続人**	**贈与税の課税対象**

■低額譲渡と負担付贈与の課税価格

	譲渡（贈与）財産	贈与税の課税価格
低額譲渡	土地等・建物等以外	相続税評価額と対価との差額
	土地等・建物等	**通常の取引価額と対価との差額**
負担付贈与	土地等・建物等以外	相続税評価額と負担額との差額
	土地等・建物等	通常の取引価額と負担額との差額

50

[贈与税]
相続時精算課税制度

重要度　　[★★☆]

進度チェック　☑☑☑

出題【24年3月・問38】

受贈者と贈与者

　財産の贈与があった場合において、贈与者がその年の1月1日において**60歳以上**の者であり、かつ、受贈者が同日において**18歳以上**（令和4年3月31日以前の贈与は20歳以上）の者で、贈与者の推定相続人である直系卑属または孫に該当するときは、その受贈者は、その贈与により取得した財産について、相続時精算課税を選択することができます。

　なお、相続時精算課税を選択する届出書を提出した受贈者が、養子縁組の解消等によって、その届出書に係る贈与者の推定相続人でなくなった場合においても、その贈与者からの贈与により取得した財産については、相続時精算課税が適用されます。

相続時精算課税に係る贈与税

　相続時精算課税を選択した場合の贈与税の額は、相続時精算課税に係る贈与者ごとに、それぞれの贈与者から1年間に贈与を受けた財産の価額の合計額（注）から、複数年にわたり利用できる特別控除額（上限は**2,500万円**。すでにこの規定の適用を受けて、控除した金額がある場合には、その金額を控除した残額とします。）を控除した後の金額に、一律**20％**の税率を乗じて計算します。

（注）令和6年1月1日以後の贈与により取得した財産に係る贈与税については、課税価格から基礎控除110万円を控除した後の残額をいいます。
　　　この場合において、同一年中に複数の相続時精算課税に係る贈与者から贈与を受けた場合には、各贈与者から贈与を受けた財産の価額に応じて基礎控除の額を按分します。

　なお、相続時精算課税を選択した受贈者が、相続時精算課税に係る贈与者

以外の者から贈与を受けた場合には、相続時精算課税に係る贈与者以外の者から取得した贈与財産の価額の合計額から基礎控除110万円を控除し、控除後の課税価格に税率表に掲げる税率を乗じて贈与税額を計算します。

贈与者に相続が発生した場合の相続税

相続時精算課税に係る贈与者に相続が発生した場合には、相続時精算課税の適用を受けた贈与財産の**贈与時の価額**^(注)を、相続税の課税価格に加算した価額をもって相続税の課税価格とし、相続税額を計算します。

相続時精算課税の適用を受けた贈与財産に課せられた贈与税があるときは、相続税額からその贈与税額を控除して納付すべき相続税額を算出します。その際、控除不足額がある場合には、還付を受けることができます。

(注) 令和6年1月1日以後の贈与により取得した財産に係る相続税については、基礎控除の額を控除した後の残額をいいます。
　　　また、相続時精算課税で受贈した土地・建物が、令和6年1月1日以後の災害により一定の被害を受けた場合、相続時にその評価額を再計算します。

相続時精算課税の選択

相続時精算課税の適用を受けようとする受贈者は、贈与税の申告書の提出期間内（贈与を受けた年の翌年2月1日から3月15日まで）に、「相続時精算課税選択届出書」を贈与税の申告書に添付して、納税地の所轄税務署長に提出することとされています。

相続時精算課税選択届出書を提出した年分以後は、その届出書に係る贈与者からの贈与により取得する財産については、相続時精算課税により贈与税額を計算します。

相続時精算課税選択届出書を提出した場合、後日、この届出書を撤回することができません。

51

[贈与税]
住宅取得等資金・教育資金の贈与の特例等

重要度　　　[★★☆]

進度チェック　☑☑☑

出題【17年10月・問37】

直系尊属から住宅取得等資金の贈与を受けた場合の特例

　令和8年12月31日までに、その年の1月1日において**18歳以上**（令和4年3月31日以前の贈与は20歳以上）である一定の要件を満たす個人（合計所得金額**2,000万円以下**の個人に限ります。）が、直系尊属からの贈与により住宅取得等資金の取得をした場合において、贈与を受けた年の翌年3月15日までにその住宅取得等資金を住宅の取得等に充てて住宅の取得等をし、自己の居住の用に供したときは、贈与により取得した住宅取得等資金のうち一定の非課税限度額までの金額について贈与税が非課税となります。

住宅取得等資金の贈与を受けた場合の相続時精算課税の特例

　住宅取得等資金の贈与を受けた場合の相続時精算課税制度の特例を適用する場合、贈与税の課税価格から、<u>相続時精算課税の特別控除額2,500万円の</u>ほかに**住宅取得等資金の非課税限度額**を控除することができます。

直系尊属から教育資金の一括贈与を受けた場合の特例

　平成25年4月1日から令和8年3月31日までの間に、受贈者（**30歳未満**の者で、贈与年の前年の合計所得金額が1,000万円以下である者に限ります。）の教育資金に充てるため、その直系尊属（**祖父母**など）が金銭等を拠出し、教育資金口座の開設等をした場合には、**1,500万円**までの金額に相当する部分の価額については、贈与税が非課税となります。

　この特例の適用を受けるためには、受贈者が、取扱金融機関等を経由して、教育資金非課税申告書を納税地の所轄税務署長に提出しなければなりません。

　なお、教育資金口座は**1金融機関のみ**開設することができ、受贈者が30歳に達した場合その他一定の場合には、教育資金管理契約は終了します（残

額があるときは、一定の場合を除き受贈者に贈与税が課税されます。）。

結婚・子育て資金の一括贈与に係る贈与税の非課税措置の創設

平成27年4月1日から令和7年3月31日までの間に、受贈者（18歳（令和4年3月31日以前は20歳）以上50歳未満で一定の者に限ります。）の結婚・子育て資金の支払に充てるため、その直系尊属が金銭等を拠出し、金融機関に信託等をした場合、その金銭等の額のうち受贈者1人につき1,000万円（結婚に際して支出する費用については300万円を限度とします。）までの金額に相当する部分の価額については、贈与税が非課税となります。

この特例の適用を受けようとする受贈者は、結婚・子育て資金非課税申告書を、金融機関を経由し受贈者の納税地の所轄税務署長に提出しなければなりません。

なお、受贈者が50歳に達した場合その他一定の場合には、結婚・子育て資金管理契約は終了します（残額があるときは、受贈者に贈与税が課税されます。）。

■相続時精算課税制度の概要

	相続時精算課税制度	住宅取得等資金の贈与の相続時精算課税制度の特例
贈与者	贈与した年の1月1日において<u>60歳以上である者</u>	制限なし
受贈者	贈与を受けた年の1月1日において<u>18歳以上</u>の、贈与者の推定相続人である直系卑属または孫である者	
贈与財産の範囲	制限なし	住宅の新築、取得または増改築等の対価に充てるための金銭
その他の主な要件	特になし	・新築、一定の耐震基準を満たす家屋で床面積40㎡以上 ・増改築の工事費用は100万円以上 ・住宅取得等資金を取得した年の翌年3月15日までに住宅を取得等し、居住
控除額	2,500万円	2,500万円＋住宅取得等資金の非課税限度額

（注）令和6年1月1日以後の贈与により取得した財産に係る贈与税については、課税価格から基礎控除110万円を控除できます。

52

[贈与税]

贈与税の申告と納付

重 要 度　　[★★☆]

進度チェック　☑ ☑ ☑

出題【24年 3 月・問36】

贈与税の申告

　贈与により財産を取得した者は、その年分の贈与税の課税価格が基礎控除110万円を超えることにより贈与税額があるとき等は、**その年の翌年 2 月 1 日から 3 月15日までに**、課税価格、贈与税額その他所定の事項を記載した申告書を**受贈者の住所地**の所轄税務署長に提出しなければなりません。

　したがって、その年分の贈与税の課税価格が基礎控除110万円以下である場合、申告書の提出は必要ありません。

　また、贈与税の非課税財産の贈与を受けた場合には、非課税の適用を受けるための申告書の提出は必要ありません。

　しかし、贈与税の配偶者控除の適用を受ける場合には、納付すべき贈与税額がないときであっても、上記の期限までに所定の事項を記載した贈与税の申告書を提出しなければなりません。

（注）暦年課税による贈与税の計算では、1 暦年中に複数の者から贈与を受けた場合でも、その年に取得した財産の合計額を贈与税の課税価格とし、基礎控除110万円を控除するので、贈与者ごとに基礎控除を控除することはできません。

贈与税の申告書を提出すべき者が死亡した場合

　贈与税の申告書を提出すべき者が、申告書を提出しないで死亡した場合には、その者の相続人は、その相続の開始があったことを知った日の翌日から10ヵ月以内に、その死亡した者に係る申告書を提出しなければなりません。

贈与税の連帯納付

贈与者は、贈与した年分の受贈者の贈与税額のうち、贈与した財産に対応する部分の贈与税について、その贈与財産の価額を限度として、連帯納付の責任を負います。

贈与税の延納

贈与税は、原則として、金銭で一時に納付しなければなりませんが、下記の要件を満たす場合には、5年以内の年賦による延納を申請できます。

■贈与税の延納要件

① **納付すべき贈与税額が10万円を超える**こと
② 納期限等までに**金銭で納付することを困難とする事由があること**
③ 延納税額に相当する**担保を提供すること** （延納税額が100万円以下で、かつ、その延納期間が3年以下である場合は、担保を提供する必要はありません。）
④ 延納しようとする贈与税の納期限等までに、担保提供関係書類を添えて**延納申請書を税務署長に提出する**こと

（注1）延納の要件には、受贈者の所得による制限はありません。
（注2）贈与税では、物納の制度はありません。

農地等を贈与した場合の贈与税の納税猶予

農業を営む人（贈与者）が、農地等を、その贈与者の推定相続人の1人で一定の要件を満たす者に贈与した場合には、その受贈者のその年分の納付すべき贈与税額のうち、その農地等に対応する部分の金額は、贈与者が死亡する日まで、納税が猶予され、かつ、その農地等は贈与者から相続したものとして相続税の課税対象となり、贈与税が免除されるという制度です。

法人税

銀行業務検定試験

税務3級
直前整理70

53

[納税義務者]

納税義務者と課税所得の範囲

重要度　　[★★★]

進度チェック ☑ ☑ ☑

出題【24年 3 月・問39】

納税義務者

　法人税法では、法人を内国法人（国内に本店または主たる事務所を有する法人をいいます。）と外国法人（内国法人以外の法人をいいます。）に区分しています。

　内国法人は、原則として、法人税を納める義務があり、各事業年度の所得について各事業年度の所得に対する法人税を、清算所得について清算所得に対する法人税を課せられます。

　ただし、法人税法は、内国法人を次のとおりに区分し、それぞれの法人につき、納税義務を規定しています。

① 公共法人

法人税を納める義務がありません。

② 公益法人等、人格のない社団等

収益事業から生じた所得についてのみ、各事業年度の所得に対する法人税が課税されます。

③ 協同組合等、普通法人

すべての所得に対して、各事業年度の所得に対する法人税および清算所得に対する法人税が課税されます。

　また、外国法人は国内源泉所得（人格のない社団等は、収益事業から生じた国内源泉所得を有するときに限ります。）を有するとき、国内源泉所得について、各事業年度の所得に対する法人税を納める義務があります。

■課税所得等の範囲と税率

法人の区分		各事業年度の所得	清算所得	税率 (注2)
内国法人	**公共法人**	**納税義務なし**		
	公益法人等 (注1) （公益社団法人、公益財団法人、認定NPO法人等）	**収益事業から生じた所得のみ** 納税義務あり	納税義務なし	普通税率
	一定の公益法人等			
	上記以外の公益法人等（宗教法人、学校法人、社会福祉法人等）			低税率
	人格のない社団等			普通税率
	協同組合等	**すべての所得**に納税義務あり		低税率
	普通法人 （株式会社、合名会社、合資会社、合同会社、一般医療法人等）			普通税率
外国法人	人格のない社団等	国内源泉所得（収益事業のみ）	納税義務なし	普通税率
	普通法人	国内源泉所得		

（注1）非営利型法人に該当する一般社団法人・一般財団法人を含みますが、非営利型法人に該当しない一般社団法人等は、普通法人に該当します。

（注2）平成30年4月1日以後に開始する事業年度の普通税率は23.2%で、年800万円以下の所得に対しては15%（大法人に該当する普通法人等を除きます。）が適用され、低税率は19%です。

54

［所得の金額］
棚卸資産と有価証券の評価

重要度　　　［★★★］

進度チェック　☑☑☑

出題【21年10月・問42】

棚卸資産の定義

棚卸資産とは、商品、製品、半製品、仕掛品、原材料、その他の資産（有価証券および短期売買商品を除きます。）で棚卸をすべきものをいいます。

棚卸資産の評価の方法

期末（事業年度終了のとき）において保有する棚卸資産の評価額の計算上選定できる評価の方法には、**原価法と低価法**があります。

原価法は、棚卸資産の取得価額をもってその期末に保有する棚卸資産の評価額とする方法をいいます。棚卸資産の取得価額は、個別法、先入先出法、総平均法、移動平均法、最終仕入原価法、売価還元法のうちいずれかの方法によって算出します。

また、低価法は、原価法により評価した価額と、その事業年度終了のときにおける価額とのうち、いずれか低い価額をもってその評価額とする方法をいいます。

有価証券の評価の方法

期末において保有する有価証券は、次に掲げる区分に応じ、それぞれに定める方法により評価します。

① 売買目的有価証券（短期的な価格の変動を利用して利益を得る目的で取得した有価証券をいいます。）は、**時価法**により評価します。

② 売買目的外有価証券（売買目的有価証券以外の有価証券をいいます。）は、**原価法**により評価します。

ただし、償還期限および償還金額の定めのある有価証券については、

償却原価法により評価します。

■棚卸資産に該当するもの・しないもの

区分	具体例
棚卸資産に該当するもの	商品、製品、半製品、仕掛品、原材料
	消耗品で貯蔵中のもの
	不動産会社が販売の目的で保有する土地、建物等
該当しないもの	金融商品取引業者が売買の目的で保有する有価証券

■棚卸資産の評価の方法

原価法 （右記の方法のうちいずれかの方法により算出）	**個別法**
	先入先出法
	総平均法
	移動平均法
	最終仕入原価法
	売価還元法
低価法（原価法による評価額と、事業年度終了時の価額のうち、低い価額）	

■有価証券の評価の方法

区分		評価方法
売買目的有価証券		**時価法**
売買目的外有価証券 （満期保有目的等有価証券、その他有価証券）	償還期限等なし	**原価法**
	償還期限等あり	**償却原価法**

55

［所得の金額］
減価償却資産

固定資産の定義

　固定資産とは、土地（土地の上に存する権利を含みます。）、減価償却資産、電話加入権その他の資産で、棚卸資産、有価証券および繰延資産以外の資産をいいます。

減価償却資産の定義

　減価償却資産とは、建物およびその附属設備、構築物、機械および装置、船舶、航空機、車両および運搬具、工具、器具および備品、無形固定資産（鉱業権、漁業権、特許権、実用新案権、ソフトウエア、営業権等）、生物等の資産で償却をすべきものをいい、事業の用に供していないものおよび時の経過によりその価値の減少しないものを除きます。

　したがって、土地、**借地権**、電話加入権、建設仮勘定等は、減価償却資産には該当しません。

減価償却費の計算

　有形減価償却資産の償却の方法は、原則として、その取得をした日の区分に応じ、次に掲げる方法等から選定します（選定しない場合は、**定率法**）。

　ただし、平成10年4月1日以後に取得した**建物**の償却については、旧定額法または**定額法**、平成28年4月1日以後に取得した**建物附属設備**および**構築物**の償却については、**定額法**しか認められていません。

①　**平成19年3月31日以前に取得した資産**

　　イ　旧定額法…取得価額から残存価額を控除した金額に、耐用年数に応じた旧定額法の償却率を乗じて計算する方法

ロ　旧定率法…取得価額から既償却額を控除した金額に、耐用年数に応じた旧定率法の償却率を乗じて計算する方法

　なお、<u>前事業年度までの償却累計額が償却可能限度額に達している減価償却資産については、残存簿価が備忘価額（1円）に達するまで5年間で償却すること</u>ができます。

②　平成19年4月1日以後に取得した資産

イ　定額法…取得価額（残存価額を控除しません。）に、耐用年数に応じた定額法の償却率を乗じて計算する方法

ロ　定率法…<u>取得価額から既償却額を控除した金額に、耐用年数に応じた定率法の償却率を乗じて計算する方法</u>

（注）耐用年数経過時点において備忘価額（1円）まで償却できます。

■減価償却資産に該当するもの・しないものの具体例

		具体例
減価償却資産に該当するもの	有形固定資産	建物およびその附属設備 構築物 **機械および装置** 船舶、航空機、**車両および運搬具** 工具、器具および備品
	無形固定資産	鉱業権、漁業権、**特許権**、実用新案権、商標権、ソフトウエア、営業権等
	生物	牛、馬、豚 果樹、茶樹
該当しないもの	土地、**借地権（定期借地権**を含みます。）	
	建設仮勘定（建設中の建物）	
	棚卸資産（棚卸資産に該当する建物等を含みます。）	
	稼働していない機械装置	
	電話加入権	

56 繰延資産に該当するもの・しないもの

重要度 ［★☆☆］

進度チェック ☑☑☑

繰延資産の範囲

　繰延資産とは、法人が支出する費用のうち支出の効果がその支出の日以後1年以上に及ぶもの（資産の取得に要した金額とされるべき費用および前払費用を除きます。）で、次に掲げるものをいいます。

① 創立費

② 開業費

③ 開発費

④ 株式交付費

⑤ 社債等発行費

⑥ ①から⑤に掲げるもののほか、次に掲げる費用で支出の効果がその支出の日以後1年以上に及ぶもの

　イ　自己が便益を受ける公共的施設または共同的施設の設置または改良のために支出する費用

　ロ　資産を賃借しまたは使用するために支出する権利金、立退き料その他の費用

　ハ　役務の提供を受けるために支出する権利金その他の費用

　ニ　製品等の広告宣伝の用に供する資産を贈与したことにより生ずる費用

　ホ　イからニまでに掲げる費用のほか、自己が便益を受けるために支出する費用

■繰延資産に該当するもの・しないものの具体例

		具体例	
繰延資産に該当するもの	①	**創立費**	
	②	**開業費**	
	③	**開発費**	
	④	**株式交付費**	
	⑤	社債等発行費	
	⑥	イ 自己が便益を受ける公共的施設または共同的施設の設置または改良のために支出する費用	・**自己が所属する商店街のアーケード設置のための負担金** ・**自己が所属する組織の会館建設のための負担金**
		ロ 資産を賃借しまたは使用するために支出する権利金、立退き料その他の費用	**建物を賃借するために支出する権利金**
		ハ 役務の提供を受けるために支出する権利金その他の費用	**ノウハウの設定契約に際して支出する頭金等**
		ニ 製品等の広告宣伝の用に供する資産を贈与したことにより生ずる費用	**看板等の広告宣伝用資産を贈与するための費用**
		ホ イからニまでに掲げる費用のほか、自己が便益を受けるために支出する費用	プロスポーツ選手との専属契約にかかる契約金
該当しないもの		前払金、前払費用	
		建物建設用の土地を賃借するための権利金（借地権の設定の対価）	
		ソフトウエアの取得費	
		試験研究費、社債発行差金	

57

［所得の金額］
役員に対する給与の取扱い

重 要 度　　　［★★☆］

進度チェック　☑☑☑

役員給与

　法人が役員に対して支給する給与（退職給与および使用人兼務役員に対して支給する使用人としての職務に対する給与を除きます。）のうち、次に掲げる給与のいずれにも該当しないものの額は、損金の額に算入されません。

　なお、役員に対して支給する給与の額のうち**不相当に高額な部分の金額**は、次に掲げる給与に該当するものであっても、損金の額に算入されません。

　また、法人が事実を隠ぺいし、または仮装して経理することによりその役員に対して支給する給与の額は、損金の額に算入されません。

① **定期同額給与**

　　その支給時期が1ヵ月以下の一定の期間ごとである給与で、その事業年度の各支給時期における支給額等が同額であるもの

② **事前確定届出給与**

　　その役員の職務につき所定の時期に確定額を支給する旨の定めに基づいて支給する給与（納税地の所轄税務署長にその定めの内容に関する届出をしているものに限り、定期同額給与および業績連動給与を除きます。）

③ **業績連動給与**

　　同族会社以外の法人等が業務執行役員に対して支給する業績連動給与（利益の状況を示す指標等を基礎として算定される給与）で一定の要件を満たすもの（他の業務執行役員のすべてに対して、この要件を満たす業績連動給与を支給する場合に限られます。）

役員退職給与

　法人が役員の退職に際して支給する役員退職給与の額は、<u>不相当に高額な部分の金額</u>を除き、損金の額に算入されます。

　ただし、法人が事実を隠ぺいし、または仮装して経理することによりその役員に対して支給する退職給与の額は、損金の額に算入されません。

使用人給与

　法人が使用人に対して支給する給与（賞与および退職給与を含みます。）の額は、原則として、損金の額に算入されます。ただし、特殊関係使用人に対して支給する給与の額のうち不相当に高額な部分の金額は、損金の額に算入されません。

　なお、使用人に対して支給する給与には、使用人兼務役員に対して支給する使用人としての職務に対する給与を含みます。

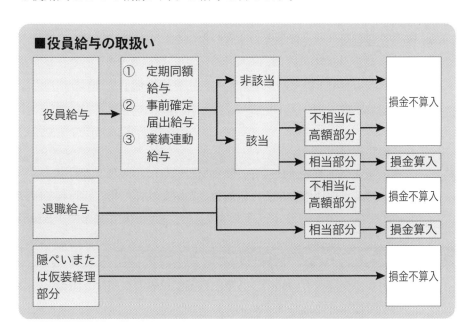

■役員給与の取扱い

58

[所得の金額]
交際費等の損金不算入

重 要 度　　[★★☆]
進度チェック　☑ ☑ ☑

出題【24年3月・問40】

交際費等

　交際費等とは、交際費、接待費、機密費その他の費用で、法人が、その得意先、仕入先その他事業に関係のある者等に対する接待、供応、慰安、贈答その他これらに類する行為（以下「接待等」といいます。）のために支出するものをいいます。

　ただし、次のいずれかに該当する費用は交際費等から除かれます。

①　もっぱら従業員の慰安のために行われる運動会、演芸会、旅行等のために通常要する費用

②　飲食等の費用（もっぱらその法人の役員もしくは従業員またはこれらの親族に対する接待等のために支出するものを除きます。）で、参加者１人当たり10,000円以下（令和６年３月31日以前の支出は5,000円以下）である費用

③　カレンダー、手帳、扇子、うちわ、手ぬぐい等の物品を贈与するために通常要する費用

④　会議に関連し、茶菓、弁当等の飲食物の供与に通常要する費用

⑤　新聞、雑誌等の出版物または放送番組を編集するために行われる座談会その他記事の収集のために、または放送のための取材に通常要する費用

交際費等の損金不算入

　法人が支出する交際費等の額のうち下記の金額以外の金額は、所得金額の計算上、損金の額に算入されません。

①　交際費等のうち、接待飲食費の額の50％に相当する金額 (注1)

②　期末における**資本金の額等が１億円以下である法人** (注2) が支出する

交際費等の額のうち定額控除限度額^(注3)までの金額（上記①との選択
適用）

（注１）資本金の額等が100億円を超える法人を対象法人から除きます。
（注２）資本金の額等が５億円以上である法人による完全支配関係がある法人などを
除きます。
（注３）**定額控除限度額＝800万円×その事業年度の月数／12**

■交際費等に該当するもの・しないものの具体例

	具体例
交際費等に該当するもの	**記念イベントに取引先を招待するために要した費用**
	取引先の記念イベントに対して支出した祝金
	取引先の役員や従業員に対して支出した慶弔費
	取引先の役員の親族の葬儀に際して支出した香典
	取引先を観劇、旅行、ゴルフに招待するための費用
	取引先の従業員に対して取引の謝礼として支出する金品の費用
交際費等に該当しないもの	従業員に対して常時供与される昼食の費用
	従業員の親族の慶弔禍福に際し支給する金品で相当額
	従業員の慰安等のための旅行に要した費用で相当額
	専属下請先の従業員の慶弔禍福に際し、自社の従業員に対するのと同様の基準に従って支給する金品の費用
	配布するためのカレンダー、手帳、扇子、うちわ、手ぬぐい、ポケットティッシュ等の製作に要した費用
	取引先との会議に際し、茶菓等の飲食物を供与するための費用
	小売業者が**商品の購入をした一般消費者に対し交付する景品の費用**
	支出の相手先等を明らかにしない使途秘匿金
	神社の祭礼に対して支出した金銭 → 寄附金
	被災した取引先に対する災害見舞金
	役員に対して支給した渡切交際費 → 役員に対する給与

寄附金の損金不算入

重 要 度 　　[★★☆]

進度チェック　☑☑☑

出題【23年10月・問40】

寄附金

　寄附金とは、寄附金、拠出金、見舞金その他いずれの名義をもってするかを問わず、法人が行った金銭その他の資産または経済的な利益の贈与または無償の供与をいいます。

　ただし、広告宣伝および見本品の費用その他これらに類する費用ならびに交際費、接待費および福利厚生費とされるべきものは寄附金から除かれます。

　寄附金は、その相手先に応じ、次に掲げる寄附金に区分されます。

①　国、地方公共団体に対する寄附金、および財務大臣が指定した寄附金

②　特定公益増進法人および認定特定非営利活動法人（認定 NPO 法人）（以下「特定公益増進法人等」といいます。）に対する寄附金

③　一般の寄附金

④　完全支配関係のある法人に対する寄附金

寄附金の損金不算入

　法人が支出した寄附金の額の合計額のうち、その法人の資本金等の額とその事業年度の所得の金額を基礎として計算した限度額（以下「一般寄附金の損金算入限度額」といいます。）を超える部分の金額は、その事業年度の所得の金額の計算上、損金の額に算入されません。

　ただし、上記①の**国や地方公共団体に対する寄附金の額**、および**財務大臣が指定した寄附金の額**の合計額は、**その全額が損金の額に算入されます**。

　また、上記②の特定公益増進法人等に対する寄附金の額の合計額のうち、特別損金算入限度額に達するまでの金額は、**一般寄附金の損金算入限度額とは別枠で、損金の額に算入されます**。

　したがって、上記③の一般の寄附金の額と上記②の特定公益増進法人等に対する寄附金の額（特別損金算入限度額を超える部分の金額）の合計額のうち、一般寄附金の損金算入限度額を超える部分の金額と、上記④の完全支配関係のある法人に対する寄附金の額の合計額が損金不算入額となります。

■寄附金の区分と具体例

区分	取扱い	具体例
①国、地方公共団体に対する寄附金	全額が、損金の額に算入される	**財務大臣が指定した寄附金**
		市に対する市民集会場建設のための寄附金
		市立図書館建設のための市に対する寄附金
		国公立の学校に対する寄附金
		日本赤十字社等に対して拠出した災害義援金等
②特定公益増進法人等に対する寄附金	一般寄附金とは別枠で、特別損金算入限度額までの金額が、損金の額に算入される	**認定特定非営利活動法人（認定NPO法人）に対する寄附金**
		認定特定公益信託の信託財産とするために支出した寄附金
		社会福祉法人に対する寄附金
		独立行政法人日本学生支援機構に対する寄附金
③一般の寄附金	損金算入限度額までの金額が、損金の額に算入される	**政治団体に対する寄附金**
		町内会に対する寄附金
		宗教法人に対する寄附金
		一般医療法人に対する寄附金
		株式会社に対する寄附金
④完全支配関係のある法人に対する寄附金	全額が、損金の額に算入されない	100％子会社に対する寄附金

（注）自己が便益を受ける公共的施設または共同的施設の設置または改良のために支出する寄附金は、繰延資産に該当します。

その他の調整項目

重　要　度　　［★★☆］

進度チェック　☑☑☑

出題【24年 3 月・問42、43】

中小法人に適用される特例制度

　内国普通法人である中小法人（期末資本金の額が 1 億円以下の法人で、資本金 5 億円超の大法人の100％子会社等を除きます。）については、次のような特例制度が設けられています。

■中小法人に適用される特例制度

軽減税率
特定同族会社の特別税率（留保金課税）の不適用
貸倒引当金の繰入れ
貸倒引当金の法定繰入率の選択
交際費等の損金不算入制度における定額控除制度
少額減価償却資産の取得価額の損金算入の特例
中小企業者等が機械等を取得した場合の特別償却
欠損金等の控除限度額の縮減の不適用
欠損金の繰戻しによる還付制度

租税公課

　法人が納付する租税公課は、原則として、所得金額の計算上、損金の額に算入されますが、一定の租税公課については、損金の額に算入しないこととされています。

■租税公課で損金算入できるもの・できないもの

損金不算入の租税公課	損金算入の租税公課
法人税 **住民税**（道府県民税（都民税を含みます。）・市町村民税） 各種加算税、各種加算金 延滞税、延滞金、過怠税 罰金、科料、過料 法人税額から控除する所得税額 法人税額から控除する外国税額	利子税 消費税 印紙税 事業税 固定資産税、都市計画税 自動車税 登録免許税 　　　　　　　　　　　　　　他

受取配当等の益金不算入

　法人が受ける次に掲げる配当等の額のうち、完全子法人株式等に係る配当等の額、関連法人株式等に係る配当等の額 (注)、非支配目的株式等に係る配当等の額の20／100相当額、ならびに、その他の株式等に係る配当等の額の50／100相当額は、所得の金額の計算上、益金の額に算入しないこととされています。

　（注）配当等の額は、関連法人株式等に係る負債利子控除額を控除した金額とします。

■益金不算入となる配当の種類

剰余金の配当、利益の配当、剰余金の分配
資産流動化法に規定する金銭の分配（中間配当）
公社債投資信託以外の証券投資信託の収益の分配
みなし配当

61

[申告・納付]
法人税の申告と納付

重 要 度　　　[★★☆]
進度チェック　☑☑☑

出題【23年10月・問43】

確定申告

　法人は、**各事業年度終了の日の翌日から2ヵ月以内**に、税務署長に対し、確定した決算に基づき、確定申告書を提出し、申告書に記載した法人税を国に納付しなければなりません。

　また、連結親法人は、各連結事業年度終了の日の翌日から2ヵ月以内に、税務署長に対し、連結確定申告書を提出しなければなりません。

災害等による申告書の提出期限の延長

　確定申告書を提出すべき法人が、災害その他やむを得ない理由により、確定申告書を提出期限までに提出することができないと認められる場合には、納税地の所轄税務署長等は、国税通則法および法人税法の規定により、その提出期限を延長することができます。

確定申告書の提出期限の延長の特例

　確定申告書を提出すべき法人が、会計監査人の監査を受けなければならないこと等により決算が確定しないため、各事業年度の確定申告書を提出期限までに提出することができない状況にあると認められる場合には1月間、会計監査人を置いている場合で、かつ、定款等の定めにより各事業年度終了の日の翌日から3月以内に決算についての定時総会が招集されない常況にあると認められる場合には4月を超えない範囲内において、納税地の所轄税務署長は、その法人の申請に基づき、確定申告書の提出期限を延長することができます。

　なお、この場合、その延長した期間分について、利子税が課税されます。

126

中間申告

法人は、**その事業年度が6ヵ月を超える場合**には、**その事業年度開始の日以後6ヵ月を経過した日から2ヵ月以内**に、税務署長に対し、次の算式により計算した税額を記載した**中間申告書**（以下「前期の実績による中間申告書」といいます。）を提出し、その法人税を国に納付しなければなりません。

また、連結親法人は、その連結事業年度が6ヵ月を超える場合には、その連結事業年度開始の日以後6ヵ月を経過した日から2ヵ月以内に、税務署長に対し、次の算式により計算した税額を記載した連結中間申告書を提出しなければなりません。

ただし、次の算式により計算した金額が、10万円以下である場合は、その（連結）中間申告書を提出する必要がありません。

$$\frac{その（連結）事業年度の前（連結）事業年度の確定申告に係る法人税額}{その（連結）事業年度の前（連結）事業年度の月数} \times 6$$

仮決算をした場合の中間申告

中間申告書を提出すべき法人が、その事業年度開始の日以後6ヵ月の期間を一事業年度とみなしてその期間に係る所得の金額等を計算（仮決算）した場合には、その提出する中間申告書に、前期の実績により計算した金額に代えて、その**仮決算**に基づく所得の金額等を記載することができます（仮決算による法人税の額が、上記の算式により計算した税額を超える場合には、仮決算による中間申告書を提出できません）。

中間申告書の提出がない場合の特例

中間申告書を提出すべき法人が、中間申告書を提出期限までに提出しなかった場合には、その法人については、その提出期限において、税務署長に対し、前期の実績による中間申告書の提出があったものとみなされます。

62

［所得・税額計算］
所得金額の算出と法人税額の計算

重要度　　　［★★☆］
進度チェック ☑☑☑

出題【24年3月・問44、45】

所得の金額

　法人税の課税標準である各事業年度の所得の金額は、その事業年度の「益金の額」から「損金の額」を控除した金額とされています。

　一方、法人が一般に公正妥当と認められる会計処理の基準に従って計算した利益は、必ずしも法人税法に定める所得の計算規定に従って計算されているわけではありません。

　そこで、法人税の所得金額の計算は、当期利益金額に次のような加算または減算を行い、所得の金額を計算します。

■主な加算項目
損金経理をした**法人税**および地方法人税
損金経理をした道府県民税および市町村民税
損金経理をした**納税充当金**
引当金の繰入超過額
減価償却の償却超過額
役員給与の損金不算入額
交際費等の損金不算入額
寄附金の損金不算入額
法人税額から控除される所得税額

■主な減算項目

減価償却超過額の当期認容額
納税充当金から支出した事業税等の金額
受取配当等の益金不算入額

法人税額の計算

　各事業年度の所得に対する法人税の額は、各事業年度の所得の金額に次の税率を乗じて計算します。

　この場合において、期末資本金の額が**1億円以下**である中小法人の各事業年度の所得の金額のうち年800万円以下の金額については、軽減税率が適用されます。

　法人が利子および配当等の支払を受ける場合には、これらにつき所得税法の規定により源泉徴収される所得税等の額は、法人税の額から控除することができます。

　中間申告により納付した法人税額がある場合には、中間申告分の法人税額を控除した残額が納付すべき法人税額となります。

■普通法人の法人税率

	期末資本金	所得金額	税　率
大法人	1億円超	―	23.2％[注2]
中小法人[注1]	1億円以下	年800万円超	23.2％[注2]
		年800万円以下	15％

（注1）非中小法人（資本金の額が5億円以上である法人の100％子会社等）を除きます。
（注2）平成30年4月1日以後に開始する事業年度に適用されます。

その他の
税金

銀行業務検定試験

税務**3**級
直前整理**70**

63

［消費税］
消費税の課税対象

重　要　度　　［★★★］

進度チェック　☑☑☑

出題【24年3月・問46】

課税の対象

　国内において事業者（個人事業者および法人をいいます。）が行った資産の譲渡等および保税地域から引き取られる外国貨物には、消費税が課されます。

　消費税が課される資産の譲渡等とは、事業として対価を得て行われる資産の譲渡および貸付ならびに役務の提供をいいます。

非課税

　国内において行われる資産の譲渡等のうち、次に掲げるものには、消費税が課されません。

① **土地の譲渡および貸付**

② **有価証券等の譲渡**

③ 利子を対価とする金銭の貸付等

④ 郵便切手類、印紙、証紙、**物品切手等の譲渡**

⑤ 国、地方公共団体、公証人等が行う一定の役務の提供（行政手数料）

⑥ 健康保険法等に基づく医療等の給付

⑦ 介護保険法の規定に基づく介護サービス、社会福祉法に規定する社会福祉事業や更生保護事業法に規定する更生保護事業

⑧ 医師、助産師等による助産に係る資産の譲渡等

⑨ 埋葬料または火葬料を対価とする役務の提供

⑩ 身体障害者用物品の譲渡、貸付

⑪ 学校教育法に規定する学校等における教育に関する役務の提供（授業料、入学金、施設設備費等）

⑫ 学校教育法に規定する教科用図書の譲渡

⑬　住宅の貸付

■消費税の課税対象となるもの・ならないものの具体例

	具体例
課税対象となるもの	**事業用建物の譲渡**
	住宅（居住用の家屋）の譲渡
	事業用車両（中古自動車）の譲渡
	事業用機械の譲渡
	ゴルフ会員権の譲渡
	工事の請負、住宅の建築請負
	事業用建物の貸付
課税対象とならないもの	**土地の譲渡**
	借地権の譲渡
	土地の貸付
	株式等の有価証券の譲渡（ゴルフ会員権の譲渡を除きます。）
	金銭消費貸借契約による金銭の貸付
	金銭消費貸借契約による貸付金の利息
	預金の利子
	郵便切手の譲渡
	商品券の譲渡
	住民票の交付手数料
	私立大学の授業料
	住宅（居住用の家屋）の貸付
	給与に関する取引

64

[消費税]
消費税額の計算と納付

重　要　度　　[★★☆]

進度チェック　☑ ☑ ☑

消費税額の計算

　事業者は、課税期間ごとに、その課税期間の課税標準額に対する消費税額から、その課税期間中に国内において行った課税仕入れに係る消費税額およびその課税期間における保税地域からの引取りに係る課税貨物につき課されたまたは課されるべき消費税額の合計額を控除します。

　なお、課税期間は、個人事業者については1月1日から12月31日までの1年間であり、法人については事業年度とされています。

簡易課税制度

①　制度の概要

　簡易課税制度とは、**みなし仕入率**を使用して、課税仕入れ等に係る消費税額を計算する方法です。具体的には、簡易課税制度を選択した課税期間の課税標準額に対する消費税額から、売上げに係る対価の返還等の金額に係る消費税額の合計額を控除した残額に、みなし仕入率を乗じて計算した金額を、その課税期間における仕入れに係る消費税額とみなし、課税標準額に対する消費税額から控除することができる消費税の計算方法です。

　なお、みなし仕入率とは、第一種から第六種 (注) までの事業の区分に応じ、90%から40% (注) までの率が定められています。

（注）平成27年4月1日以後に開始する課税期間について適用されています。

②　簡易課税制度の選択

　簡易課税制度は、**基準期間における課税売上高が5,000万円以下**である課税期間について、その納税地を所轄する税務署長にこの規定の適用を受

ける旨を記載した届出書を提出した場合に、適用を受けることができます。

　なお、基準期間とは、個人事業者についてはその年の前々年をいい、法人については**その事業年度の前々事業年度**をいいます。

納税義務の免除

　事業者のうち、その課税期間に係る**基準期間における課税売上高が1,000万円以下である者**については、その課税期間中に国内において行った課税資産の譲渡等につき、消費税を納める義務が免除されます。

　平成25年1月1日以後に開始する課税期間については、特定期間（前課税期間開始の日以後6ヵ月の期間）における課税売上高等が1,000万円を超える場合、消費税を納める義務が免除されません。

（注）基準期間が1年でない法人については、基準期間中の課税売上高をその法人のその基準期間に含まれる事業年度の月数の合計数で除し、これに12を乗じて計算した金額を、基準期間における課税売上高とします。

基準期間がない法人の納税義務の免除

　新設法人等、課税資産の譲渡等をした事業年度の基準期間がない法人のうち、その事業年度開始の日における資本金または出資金の額が1,000万円未満である法人については、その基準期間がない事業年度についての納税義務が免除されますが、**その事業年度開始の日における資本金または出資金の額が1,000万円以上である法人**については、その基準期間がない事業年度について、納税義務の免除の規定は適用されません。

確定申告と納付

　事業者（納税義務が免除される事業者を除きます。）は、課税期間ごとに、その課税期間の末日の翌日から2ヵ月以内に、所定の事項を記載した申告書を税務署長に提出し、その申告書の提出期限までに、その申告書に記載した消費税額を国に納付しなければなりません。

　なお、個人事業者のその年の12月31日の属する課税期間に係る申告書の提出期限は、その年の翌年3月31日とされています。

（注）法人税の申告期限の延長の特例の適用を受ける法人は、所定の届出書を提出した場合、消費税の申告期限が1ヵ月延長されます。

65

[印紙税]

印紙税の課税文書

重 要 度 [★★☆]

進度チェック ☑☑☑

印紙税

　下記の課税物件の欄に掲げる文書のうち、印紙税を課さないものとされる文書以外の文書（以下「課税文書」といいます。）の作成者は、その作成した課税文書につき、印紙税を納める義務があります。

　印紙税の納付は、原則として、収入印紙を課税文書に貼付し、印章（印鑑）等で消印することにより行います。

印紙税の課税物件

　課税物件表に記載されている主な課税文書は、次のとおりです。

■印紙税の課税物件名

番号	課税物件名
1	①　不動産、鉱業権、無体財産権、船舶もしくは航空機または営業の譲渡に関する契約書（**不動産の売買契約書**等） ②　地上権または土地の賃借権の設定または譲渡に関する契約書（**土地賃貸借契約書、借地権設定契約書**等） ③　消費貸借に関する契約書（**金銭消費貸借契約書**等） ④　運送に関する契約書（用船契約書を含みます。）
2	請負に関する契約書（**工事請負契約書**等）
3	約束手形または為替手形（**手形金額が10万円未満の手形**や手形金額の記載のない手形は、非課税）
4	**株券**、出資証券もしくは社債券または投資信託、貸付信託、特定目的信託もしくは受益証券発行信託の受益証券

5	**合併契約書**、吸収分割契約書、新設分割計画書
6	**定款**（会社設立のときに作成される定款の原本に限ります。）
7	継続的取引の基本となる契約書（契約期間が3ヵ月以内であり、かつ、更新に関する定めのないものを除きます。）
8	**預金証書、貯金証書** （信用金庫その他特定の金融機関の作成する預貯金証書で、記載された預入額が1万円未満のものは、非課税）
9	貨物引換証、倉庫証券、船荷証券
10	**保険証券**
11	信用状
12	信託行為に関する契約書（信託証書を含みます。）
13	債務の保証に関する契約書（主たる債務の契約書に併記するものを除きます。）
14	金銭または有価証券の寄託に関する契約書
15	債権譲渡または債務引受けに関する契約書 （契約金額が1万円未満のものは、非課税）
16	配当金領収証または配当金振込通知書（記載された配当金額が3千円未満の証書または文書は、非課税）
17	**金銭**または有価証券の**受取書**（記載された受取金額が5万円未満の受取書と営業に関しない受取書は、非課税）
18	預貯金通帳、信託行為に関する通帳、銀行等の作成する掛金通帳、生命保険会社の作成する保険料通帳または生命共済の掛金通帳 （信用金庫等特定の金融機関の作成する預貯金通帳、所得税が非課税となる預貯金に係る預貯金通帳、納税準備預金通帳等は、非課税）
19	第1号、第2号、第14号または第17号に掲げる文書により証されるべき事項を付け込んで証明する目的をもって作成する通帳
20	判取帳

（注）**建物の賃貸借契約書**、事業用機械の売買契約書、**委任状**、取締役会議事録、相続に係る**遺産分割協議書**等は、課税文書に含まれていないので、非課税となります。

個人住民税の課税のしくみ

重要度　　　[★☆☆]

進度チェック　☑☑☑

出題【24年3月・問48】

個人住民税

　個人住民税とは、道府県が個人に対して課する**道府県民税**（東京都は都民税）と市町村が個人に対して課する**市町村民税**（東京都は特別区民税）から構成されています。

納税義務者

　個人住民税は、都道府県・市町村内に住所を有する個人に対しては**均等割額および所得割額の合算額**によって（都道府県・市町村内に事務所、事業所または家屋敷を有する個人でその事務所、事業所または家屋敷を有する市町村内に住所を有しない者に対しては均等割額によって）、課されます。

　また、利子等の支払いを受ける者に対しては**利子割額**によって、特定配当等の支払いを受ける者に対しては配当割額によって、特定口座内保管上場株式等の譲渡の対価等の支払を受ける者に対しては株式等譲渡所得割額によって、道府県民税が課されます。

均等割

　均等割は、原則として、所得の有無や所得の金額にかかわらず、一律に定額で課税され、その標準税率は、次のとおりです。

	道府県民税	市町村民税	合　計
標準税率	1,000円	3,000円	4,000円

（注）平成26年度から令和5年度まで、上記の均等割に1,000円（道府県民税500円、市町村民税500円）が加算されます。

所得割

　所得割額は、前年の所得金額に応じて課税されるものをいい、その課税標準は、原則として、**前年の所得について算定した所得税法上の総所得金額等をもとに計算されます**。

　所得割額は、原則として、総所得金額等から各種の所得控除額^(注)を控除して課税総所得金額等を計算し、その課税総所得金額等に税率を乗じて算出した税額の合計額から、税額控除額を差し引いて求めます。この場合において、課税総所得金額等に乗じる標準税率は、次の税率とされています。

	道府県民税	市町村民税
標準税率	4%	6%

　なお、所得税において申告分離課税が適用された所得は、住民税においても他の所得と区分して課税されます。

（注）住民税においては、控除項目によって所得税と控除額が異なります。

個人住民税の申告

　個人住民税は、納税者からの申告に基づいて、市町村が税額を計算し、納税通知書により納税者に通知する**賦課課税方式**によって課税されますが、**利子割**、配当割および株式等譲渡所得割は、特別徴収義務者が**特別徴収**します。

　賦課期日（その年度の初日が属する年の1月1日をいいます。）に住所を有する者は、その年の3月15日までに、賦課期日現在における住所所在地の市町村長に住民税の申告書を提出しなければなりません。

　ただし、前年に給与所得以外の所得または公的年金等に係る所得以外の所得を有しなかったものは、個人住民税の申告を要しないとされています。

　また、前年分の所得税について所得税の確定申告書を提出した場合には、個人住民税の申告書が提出されたものとみなされ、個人住民税の申告書を提出する必要はありません。

個人事業税の課税のしくみ

重要度　　　[★☆☆]

進度チェック　☑☑☑

出題【23年3月・問48】

個人事業税

　個人の行う事業に対する事業税は、<u>個人の行う**第1種事業**、**第2種事業**および**第3種事業**</u>に対し、所得を課税標準として事務所または事業所所在の**都道府県**において、その個人に課税する税金です。

事業税が課される事業の範囲

　第1種事業、第2種事業および第3種事業とは、次に掲げるものをいいます。

■事業税が課される事業の範囲

第1種事業	物品販売業、保険業、金銭貸付業、物品貸付業、不動産貸付業、製造業、電気供給業、電気通信事業、運送業、運送取扱業、倉庫業、駐車場業、請負業、印刷業、出版業、写真業、旅館業、飲食店業、問屋業、演劇興行業、遊技場業　等
第2種事業	畜産業（農業に付随して行うものを除きます。）、水産業（小規模な水産動植物の採捕の事業を除きます。）および薪炭製造業（農業を除きます。）で、主として自家労力を用いて行うもの以外のもの
第3種事業	医業、歯科医業、薬剤師業、あん摩・マッサージまたは指圧・はり・きゅう・柔道整復その他の医業に類する事業、獣医業、弁護士業、司法書士業、行政書士業、弁理士業、税理士業、公認会計士業、社会保険労務士業、コンサルタント業、設計監督者業、不動産鑑定業、デザイン業、理容業、美容業、クリーニング業　等

したがって、**農業**や**林業**等列挙されていない事業を行う個人には、個人の行う事業に対する事業税は課税されません。

課税標準の計算

個人の行う事業に対する事業税の課税標準は、その年度の初日の属する年の前年中における個人の事業の所得とされています。

個人の事業の所得は、原則として、所得税法に規定する不動産所得および事業所得の計算の例によって算定するものとされており、その個人のその年度の初日の属する年の前年中における事業に係る総収入金額から必要な経費を控除し、その控除した金額から損失の繰越控除および**事業主控除**（一律290万円）等を控除します。この場合、所得税において必要経費に算入された青色事業専従者給与等の金額は、その個人の事業の所得の計算上、必要な経費とみなされます。

ただし、個人事業税における事業の所得は、所得税における**青色申告特別控除**や**所得控除を控除**しないで算定することとなります。

個人事業税の申告

個人の行う事業に対する事業税の納税義務者で、個人の事業の所得の金額が事業主控除額を超えるものは、その年度の初日の属する年の３月15日までに、その年の前年中の事業の所得の金額等所定の事項を、事務所または事業所所在地の都道府県知事に申告しなければなりません。

個人の行う事業に対する事業税の納税義務者が、前年分の所得税につき確定申告書を提出した場合には、その申告書が提出された日に個人の行う事業に対する事業税の申告がされたものとみなされます。

[事業税]
法人事業税の課税のしくみ

重　要　度　　[★★☆]

進度チェック ☑ ☑ ☑

出題【23年10月・問48】

納税義務者

　法人の行う事業に対する事業税は、法人の行う事業に対し、次に掲げる事業の区分に応じ、それぞれに定める額によって事務所または事業所所在の**都道府県**において、その法人に課することとされています。

■事業税の納税義務者

	事業の区分	法人の区分	課される事業税
①	下記②に掲げる事業以外の事業	**資本金の額または出資金の額が1億円を超える普通法人** 等 **（外形標準課税の対象法人）**	付加価値割額、資本割額および所得割額の合算額
		公益法人等、特別法人、人格のない社団等、投資法人、資本金の額または出資金の額が1億円以下の普通法人　等	所得割額
②	**電気供給業**、ガス供給業および保険業		収入割額

　なお、**外国法人**の行う事業については、その事業が行われる場所をもって、その事務所または事業所として、事業税が課税されます。

外形標準課税

　資本金の額または出資金の額が1億円を超える法人等（一定の法人を除きます。）の行う事業に対する事業税は、**付加価値割額、資本割額および所得割額の合算額**により課税されます。

課税標準

　法人の行う事業に対する事業税の課税標準は、次に掲げる事業の区分に応じ、それぞれに定めるものによることとされています。

■事業税の課税標準

	事業の区分	課税標準
①	①　下記②に掲げる事業以外の事業 　イ　外形標準課税対象法人 　　㋑　付加価値割 　　㋺　資本割 　　㋩　所得割 　ロ　上記イ以外の法人 　　所得割	各事業年度の付加価値額 各事業年度の資本金等の額 各事業年度の所得および清算所得 **各事業年度の所得**および清算所得
②	**電気供給業**、ガス供給業および保険業 　　収入割	**各事業年度の収入金額**

申告納付

　事業を行う法人は、各事業年度に係る所得割（外形標準課税対象法人にあっては、付加価値割、資本割および所得割とします。）または収入割を<u>各事業年度終了の日から2ヵ月以内</u>に、確定した決算に基づき、事務所または事業所所在の都道府県に**申告納付**しなければなりません。

　また、<u>二以上の都道府県において事務所または事業所を設けて事業を行う法人</u>が、事業税を申告納付する場合においては、その事業に係る課税標準額の総額を<u>関係都道府県に分割</u>し、その分割した額を課税標準として、関係都道府県ごとに事業税額を算定し、これを<u>関係都道府県に申告納付</u>しなければなりません。

　なお、分割基準は、次のとおりとされています（電気供給業等を除きます。）。

①	製造業	事務所または事業所の従業者の数
②	非製造業	課税標準の2分の1：事務所または事業所の数 課税標準の2分の1：事務所または事業所の従業者の数

課税の対象

　固定資産税は、固定資産に対し、その固定資産所在の**市町村**において課せられます。この固定資産とは、下記の土地、家屋および償却資産を総称します。

■固定資産税の課税対象

土　地	田、畑、宅地、塩田、鉱泉地、池沼、山林、牧場、原野その他の土地
家　屋	**住家**、店舗、工場、倉庫その他の建物
償却資産	土地および家屋以外の事業の用に供することができる資産^(注)（**機械装置**、器具および備品、構築物　等）

（注）固定資産税の課税対象となる償却資産の範囲から、鉱業権、漁業権、特許権その他の無形減価償却資産、自動車税の課税客体である**自動車**ならびに軽自動車税の課税客体である原動機付自転車、軽自動車、小型特殊自動車および二輪の小型自動車は除かれます。

非課税

　国や地方公共団体等に対しては、固定資産税が非課税とされています。

　また、国や地方公共団体等が公用または公共の用に供する固定資産、墓地、公共の用に供する**道路**等についても、固定資産税が非課税とされています。ただし、固定資産を有料で借り受けた者がこれを非課税の固定資産として使用する場合は、その固定資産の所有者に課税することができます。

納税義務者

　固定資産税は、**賦課期日（その年度の初日の属する年の1月1日）**にお

いて、**固定資産課税台帳に固定資産の所有者として登録されている者**に課税することとされています。この場合における所有者とは、土地または家屋については、登記簿または土地補充課税台帳もしくは家屋補充課税台帳に所有者として登記または登録されている者をいい、償却資産については、償却資産課税台帳に所有者として登録されている者をいいます。

課税標準

　土地または家屋に対して課せられる固定資産税の課税標準は、原則として、その土地または家屋の基準年度の賦課期日における価格で土地課税台帳等または家屋課税台帳等に登録されたものとされています。この価格は、原則として、3年間据え置くこととされています。

　償却資産に対して課せられる固定資産税の課税標準は、賦課期日におけるその償却資産の価格で償却資産課税台帳に登録されたものとされています。

住宅用地に対する固定資産税の課税標準の特例

　住宅用地に対する固定資産税の課税標準は、その住宅用地に係る固定資産税の課税標準となるべき価格を3分の1（小規模住宅用地は6分の1）に減額する特例が講じられています。

新築住宅に対する固定資産税の減額

　新築住宅で一定の要件を満たすものは、新たに固定資産税が課されることとなった年度から3年度分（中高層耐火建築物は5年度分）に限り、その住宅に係る固定資産税額のうち一定額の2分の1相当額が、その住宅の固定資産税額から減額されます。

納期

　固定資産税の納期は、4月、7月、12月および2月中において、その市町村の条例で定められますが、前納も認められています。

不動産取得税の課税のしくみ

重　要　度　　[★★☆]

進度チェック　☑☑☑

課税対象

不動産取得税は、不動産の取得に対し、その不動産所在の**都道府県**において、その不動産の**取得者**に課せられます。

不動産とは、次に掲げる**土地**および**家屋**を総称します。

■不動産取得税の課税対象

土地	田、畑、宅地、塩田、鉱泉地、池沼、山林、牧場、原野その他の土地
家屋	住宅、店舗、工場、倉庫その他の建物

（注）**借地権**の設定または取得には、不動産取得税は課税されません。

課税客体（不動産の取得）

不動産取得税が課せられる不動産の取得とは、不動産の所有権の取得をいい、有償であるか無償であるかを問いません。

したがって、不動産取得税が課せられる不動産の取得の原因には、売買、**交換**、**贈与**、寄附、**現物出資**、**建築**、**代物弁済**、建売住宅の**購入**等が含まれます。

なお、建築とは、新築、増築または改築することをいい、家屋を**改築**したことにより、その家屋の価格が増加した場合においては、その改築をもって家屋の取得とみなし、不動産取得税が課せられます。

非課税

不動産取得税に設けられている非課税措置には、国等に対する不動産取得税の非課税、用途による不動産取得税の非課税、および形式的な所有権の移

転等に対する不動産取得税の非課税等の特例が設けられています。

　これらのうち、形式的な所有権の移転等に対する不動産取得税の非課税においては、次に掲げる不動産の取得が、非課税とされています。

① **相続**（包括遺贈および被相続人から相続人に対してなされた遺贈を含みます。）による不動産の取得

② 法人の**合併**または一定の分割による不動産の取得

③ 共有物の分割による不動産の取得（その不動産の取得者の分割前のその共有物に係る持分の割合を超える部分の取得を除きます。）

④ 委託者から受託者に信託財産を移す場合における不動産の取得　等

課税標準

　不動産取得税の課税標準は、不動産を取得したときにおける不動産の価格とされています。この不動産の価格は、原則として、<u>固定資産課税台帳に固定資産の価格が登録されている不動産については、その価格により課税標準となるべき価格を都道府県知事が決定します。</u>

　また、家屋の改築をもって家屋の取得とみなした場合に課せられる不動産取得税の課税標準は、その改築により増加した価格とされています。

課税標準の特例（新築住宅の取得に係る特例）

　住宅の建築をした場合や新築住宅を購入した場合において、一定の要件を満たすときは、その住宅の取得に対する不動産取得税の**課税標準**となるべき価格から、一戸につき1,200万円が控除されます。

不動産取得税の減額（住宅用土地の取得に対する税額の減額）

　一定の要件を満たす特例適用住宅に係る土地を取得した場合においては、その土地の取得に対して課せられる不動産取得税については、原則として、その税額から150万円に税率を乗じて得た額が減額されます。

● 所得税の速算表　（令和5年4月1日現在）

課税される所得金額	税率	控除額
千円以上千円未満	%	千円
1,950	5	—
1,950 ～ 3,300	10	97.5
3,300 ～ 6,950	20	427.5
6,950 ～ 9,000	23	636
9,000 ～ 18,000	33	1,536
18,000 ～ 40,000	40	2,796
40,000 ～	45	4,796

※1,000円未満は切り捨て。

●公的年金等控除額 （令和2年分以後の所得税に適用）

【受給者の年齢：65歳以上の人】

公的年金等の収入金額(A)	「公的年金等に係る雑所得」以外の所得に係る合計所得金額		
	10,000千円以下	10,000千円超20,000千円以下	20,000千円超
3,300千円未満	1,100千円	1,000千円	900千円
3,300千円以上～ 4,100千円未満	(A)×25%+ 275千円	(A)×25%+ 175千円	(A)×25%+ 75千円
4,100千円以上～ 7,700千円未満	(A)×15%+ 685千円	(A)×15%+ 585千円	(A)×15%+ 485千円
7,700千円以上～10,000千円未満	(A)× 5%+1,455千円	(A)× 5%+1,355千円	(A)× 5%+1,255千円
10,000千円以上	1,955千円	1,855千円	1,755千円

【受給者の年齢：65歳未満の人】

公的年金等の収入金額(A)	「公的年金等に係る雑所得」以外の所得に係る合計所得金額		
	10,000千円以下	10,000千円超20,000千円以下	20,000千円超
1,300千円未満	600千円	500千円	400千円
1,300千円以上～ 4,100千円未満	(A)×25%+ 275千円	(A)×25%+ 175千円	(A)×25%+ 75千円
4,100千円以上～ 7,700千円未満	(A)×15%+ 685千円	(A)×15%+ 585千円	(A)×15%+ 485千円
7,700千円以上～10,000千円未満	(A)× 5%+1,455千円	(A)× 5%+1,355千円	(A)× 5%+1,255千円
10,000千円以上	1,955千円	1,855千円	1,755千円

●給与所得控除額（令和2年分以後の所得税に適用）

給与等の収入金額	給与所得控除額
1,625千円以下	550千円
1,625千円超～ 1,800千円以下	収入金額×40%－ 100千円
1,800千円超～ 3,600千円以下	収入金額×30%＋ 80千円
3,600千円超～ 6,600千円以下	収入金額×20%＋ 440千円
6,600千円超～ 8,500千円以下	収入金額×10%＋1,100千円
8,500千円超	1,950千円（上限）

※子育て・介護世帯を除く。

● 相続税の速算表　　（令和6年1月1日現在）

法定相続分に応ずる取得金額	税率	控除額
10,000千円以下	10%	－
10,000千円超 ～ 30,000千円以下	15%	500千円
30,000千円超 ～ 50,000千円以下	20%	2,000千円
50,000千円超 ～ 100,000千円以下	30%	7,000千円
100,000千円超 ～ 200,000千円以下	40%	17,000千円
200,000千円超 ～ 300,000千円以下	45%	27,000千円
300,000千円超 ～ 600,000千円以下	50%	42,000千円
600,000千円超	55%	72,000千円

● 贈与税の速算表 （令和5年4月1日現在）

【一般贈与財産用】

課税価格	税率	控除額
2,000千円以下	10%	―
2,000千円超 ～ 3,000千円以下	15%	100千円
3,000千円超 ～ 4,000千円以下	20%	250千円
4,000千円超 ～ 6,000千円以下	30%	650千円
6,000千円超 ～ 10,000千円以下	40%	1,250千円
10,000千円超 ～ 15,000千円以下	45%	1,750千円
15,000千円超 ～ 30,000千円以下	50%	2,500千円
30,000千円超	55%	4,000千円

【特例贈与財産用】

課税価格	税率	控除額
2,000千円以下	10%	―
2,000千円超 ～ 4,000千円以下	15%	100千円
4,000千円超 ～ 6,000千円以下	20%	300千円
6,000千円超 ～ 10,000千円以下	30%	900千円
10,000千円超 ～ 15,000千円以下	40%	1,900千円
15,000千円超 ～ 30,000千円以下	45%	2,650千円
30,000千円超 ～ 45,000千円以下	50%	4,150千円
45,000千円超	55%	6,400千円

● 普通法人における法人税の税率表 （令和5年4月1日現在）

平成31年4月1日以後に開始する事業年度

	課税所得金額の区分	税率
資本金または出資金1億円超の法人	所得金額	23.2%
その他の法人	年8,000千円以下の所得金額からなる部分の金額	15%
	年8,000千円超の所得金額からなる部分の金額	23.2%

●復興特別所得税

区　分		基準所得税額
居住者	非永住者以外の居住者	全ての所得に対する所得税額
	非永住者	国内源泉所得及び国外源泉所得のうち国内払のもの又は国内に送金されたものに対する所得税額
非居住者		国内源泉所得に対する所得税額

復興特別所得税額＝基準所得税額×2.1％

（注1）その年分の所得税において外国税額控除の適用がある居住者については、外国税額控除額を控除する前の所得税額が基準所得税額となる。

（注2）その年分の所得税において外国税額控除の適用がある居住者のうち控除対象外国所得税額が所得税の控除限度額を超える者については、その超える金額をその年分の復興特別所得税額から控除することができる。ただし、その年分の復興特別所得税額のうち国外所得に対応する部分の金額が限度とされる。

　東日本大震災からの復興のための施策を実施するために必要な財源の確保に関する特別措置法が公布され、復興特別所得税が創設されている。

・所得税を納める義務のある個人は、復興特別所得税も併せて納める義務がある。

・平成25年から令和19年までの各年分の基準所得税額（上表）が、復興特別所得税の課税対象となる。

・平成25年から令和19年までの各年分の確定申告については、所得税と復興特別所得税を併せて申告しなければならない。

・所得税及び復興特別所得税の申告書を提出した者は、その申告書の提出期限までに、その申告書に記載した納付すべき所得税及び復興特別所得税の合計額を納付する。

・源泉徴収義務者は、給与その他源泉徴収をすべき所得を支払う際、その所得について所得税及び復興特別所得税を徴収し、その法定納期限までに納付する。

・所得税の年末調整をする源泉徴収義務者は、平成25年から令和19年までの各年分においては、所得税及び復興特別所得税の年末調整を併せて行う。

〈監修・執筆〉　　〈執筆〉
小島淳次　　　　税理士法人中央総研

銀行業務検定試験

税務3級　直前整理70　2024年度受験用

2024年7月29日　初版第1刷発行

編　者　経済法令研究会
発行者　髙　橋　春　久
発行所　㈱経済法令研究会
〒162-8421　東京都新宿区市谷本村町3-21
電話　代表03(3267)4811　制作03(3267)4823
https://www.khk.co.jp/

営業所／東京 03(3267)4812　大阪 06(6261)2911　名古屋 052(332)3511　福岡 092(411)0805

制作／櫻井寿子　印刷・製本／富士リプロ㈱

© Keizai-hourei kenkyukai 2024　Printed in Japan　　　ISBN978-4-7668-3505-2